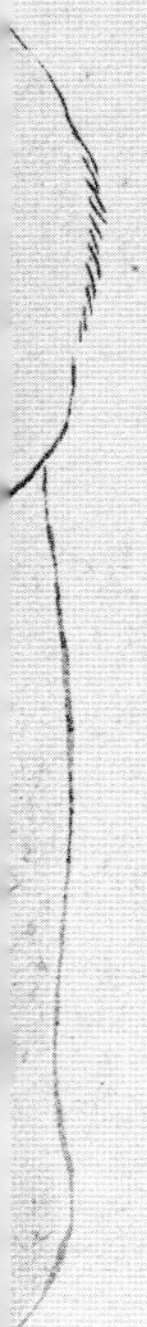

从古至今，在地球的每块大陆上，都生存着一种与普通动物共存的神奇生物。巫师和魔法师驯化过它们，甚至培育出了新的物种。为了获得神奇生物的魔力，凡人、萨满和巫师都曾猎捕过它们。而人们曾因为惧怕神奇生物的魔力，或者因它们天赋异禀而充满嫉妒和恨意，杀害过它们。

现在，关注神奇生物的爱好者开始有意识地保护它们。志愿者们不但照顾了那些尚存于世的神奇生物，而且通过其他方式（如书籍、网络、电影）宣传保护这些神奇生物。在这些志愿者的帮助下，神奇生物开始远离危险，它们的历史也翻开崭新的一页。

时光飞逝，世界各地关心神奇生物命运的人们逐渐联合起来，创建了神奇生物研究者秘密协会（Great Mysterious Mythozoy Society，简称GMMS）。

《独角兽神秘大百科》

就是根据神奇生物研究者秘密协会的笔记整理出来的第一本书。

“Mifozoy”（神奇生物）一词源于古希腊语。这个词由两部分组成：“Mif”的意思是传说，“Zoy”的意思是物种、生命。也就是说，“Mifozoy”是一些神秘的、离奇的生物。如今它们的故事通常只有在古老的泥版、石碑和发黄的书页中才能找到。

这是用一些独角兽的名字组成的一个独角兽图案，它们分别是：卡姆夫鲁赫、麒麟、阿巴达、阿里·卡尔卡丹、英德里克、半独角兽、独角犀牛、独角龙、独角马、沙德哈瓦尔、卡尔塔宗、勒姆、图尔巴尔、卡玛乌埃托、米拉吉、驳。

独角兽 unicorn

神秘大百科

[俄罗斯]华莱士 · 哈米什 · 麦克米伦/著　丁　梁/译

GMMS

ПИТЕР

天地出版社 | TIANDI PRESS

关于独角兽的神话故事流传于世界上众多民族中。数个世纪以来，神秘的独角兽都有意避开人类，生活在密林中。

华莱士·哈米什·麦克米伦是神奇生物研究专家，他长年收集存世的有关神奇生物的手稿、书籍和图片。借助这些宝贵的资料，他写成了这部独一无二的书。

《独角兽神秘大百科》记录了地球上各民族传说中的各种各样的独角兽，竭力描绘神奇生物的神奇世界。或许，您会觉得这本书不是那么奇幻，而是充满了真实感。这要感谢这本书的创作者们，是他们历经千辛万苦收集了这些资料并整理成书。那么，就请您先认识一下他们，并和他们一起沉浸在独角兽的世界里吧——

华莱士·哈米什·麦克米伦（Wallace Hamish Mcmillan）

神奇生物研究者秘密协会主席、历史学家、生物学家

很久以前，当华莱士还是个孩子的时候，有一天他在格兰扁山西侧，也就是举世闻名的喀里多尼亚森林里迷了路。他恰巧看到了神奇生物在聚会。当时他并不知道这些神奇生物是什么动物，也听不懂它们在说什么……后来，华莱士幸存了下来，真是一个奇迹！（神奇生物总是有意躲着人类，见过它们的人几乎无法幸存。）当然，华莱士的爸爸妈妈并不相信他说的话——他们十分肯定世界上并没有什么神奇生物，过去没有，现在也没有。

几年后，华莱士在图书馆里发现了一张古画，画上的动物正是他在森林里见过的神奇生物。随后，他又发现了第二张、第三张类似的古画……找到的东西越来越多，图画及各种证据足足有上千份……由此，他更加肯定自己的所见完全是真的，并不是梦里的错觉。从那时起，华莱士就决定终生从事神奇生物的研究。后来，华莱士又找到了其他目击者，他们也想弄清这个谜团，向人们描述大部分人都不可见的神奇生物世界。

就这样，神奇生物研究者秘密协会成立了。华莱士·哈米什·麦克米伦作为最早的神奇生物研究者、专家，于公元1972年9月12日在喀里多尼亚森林被推选为协会主席。

伊泽贝尔·麦肯德里克（Ishbel Mckendrick）

神奇生物研究者秘密协会画家、考古学家，“黑暗之屋”守护者

有关伊泽贝尔的记载首次出现在公元836年，在16世纪的众多宗教法官中她声名鹊起。多年来她漫游世界，寻找神奇生物和其他次元的入口。20世纪她受华莱士之邀，在神奇生物研究者秘密协会中担任重要职务，继续从事科学研究和艺术探索。

马丽娜·绍伊·格莱德（Marina Say Glad）

神奇生物研究者秘密协会记录者

马丽娜的母亲有小山族血统。年轻时，马丽娜就成为一名保护神奇生物生活地区的积极分子。她印发过传单，出版过《魔法》杂志。她与华莱士在反对砍伐格伦瓦尔德森林的抗议活动中相识，并被华莱士任命为秘密协会的专属记录者。

欧洲独角马

黎凡特独角马
勒姆

波斯独角马
沙德哈瓦尔

印度独角马
卡尔塔宗

突厥蒙古独角马
图尔巴尔

中非独角马
阿巴达

西伯利亚独角犀牛
英德里克

阿拉伯独角犀牛
阿里·卡尔卡丹

苏美尔独角龙
牧石鲁什

中国独角龙
麒麟

日本独角龙
麒麟

智利半独角兽
卡玛乌埃托

海岛半独角兽
米拉吉

马鲁古半独角兽
卡姆夫鲁赫

蒙古半独角兽驳

苏格兰半独角兽
拜伊斯特-纳-斯戈洛加格

目录

神奇生物研究者秘密协会

GMMS

引 言

亲爱的读者，“独角兽”这种生物对你来说并不陌生，可能你恰好在书本里读到过，在画册上看到过，或者在电影中见到过……

如果我问你：“什么是独角兽？”你的答案也许是这样的：“独角兽是头上长着一只角的马。”

答得挺好的，但不完全正确。

这些神奇生物从哪儿来、如何产生，它们有哪些种类，它们吃什么，它们有没有亲族，它们曾经帮过哪些动物，它们与哪些动物起过冲突……这些问题很少有人能答上来。

可惜的是，我们现在几乎已经忘了有关独角兽的事情。毕竟，独角兽的故事讲述的只是那些漂亮高傲的物种，它们曾经与人类朝夕相伴的经历。

（爱丽丝笑着对独角兽说：）“我也一直认为独角兽就是谜一般的物种，因为我从来没见过活的独角兽。”

“那么，现在我们见了面又说了话，”独角兽说，“我们可以互相信任了，是吗？”

——刘易斯 · 卡罗尔

《爱丽丝镜中奇遇记》

经典的独角兽

那么，我们应该从哪里开始认识独角兽呢？

首先，我要吓唬吓唬你——世界上独角兽的数量超乎你的想象。我们非常熟悉的“额头上长有一只角的马”是其中最常见的一种独角兽。除此之外，还有很多其他种类的独角兽。

如果从科学的角度来说，独角兽是属于奇兽科的神奇生物，拉丁文名字叫作*Monocerus magicus*，翻译成中文，意思是“有一只角的神奇物种”。

各种各样的独角兽有一个明显的共同点，你肯定能猜到——它们的头上（准确地说应该是脑袋上，但是这么说好像不太正式）都有角。它们的角具有魔力，或者说是有魔法的。

所有动物都有拉丁文学名，这样做的目的是方便各国学者交流。全世界有5000多种语言，各国学者不需要学会对方的语言，只需要知道这些动物的拉丁文学名，就可以顺畅地进行探讨。

•••根据外形，我来介绍四种独角兽：•••

这是跑得最快的独角兽

独角马

（这是人们常见的独角兽）

独角马长得像马或鹿（还有些长得像驴，甚至长得像羊，你能想象出来吗？），也就是说，它们的体形比较像马，但是骨骼更纤细，外表更加俊朗。不过，这只是就总体而言，因为独角马也分为很多种类，不同的独角马可能在体形、肤色、习性方面存在巨大的差异。

独角犀牛

独角犀牛在外形上很像人们熟悉的犀牛。它们与其他种类的独角兽相比，体形更大，身体更重。它们的脾气很坏，因此通常都不讨人喜欢。

这是最危险的独角兽

独角龙

独角龙正如它的名字那样，是一种龙。独角龙与其他的独角兽相比，特点鲜明——它们有鳞，而且拥有神奇的超自然力量。

这是最具魔力的独角兽

半独角兽

这种独角兽的外形和名字完全没什么联系，既不像上面提到的独角马，也不像独角犀牛。实际上，它们有些长得像狮子，有些像兔子，有些像其他动物……

这是超乎想象的独角兽

独角兽的种类很多，不用着急，我们按照顺序一一认识它们。首先让我们认识一下数量最多的一种独角兽——独角马。

独角马

独角马分布地区较广、数量较多，
它们曾经聚居在广袤的大地上，从西班牙到日本、
从哈萨克斯坦到苏丹都能见到它们的身影。

独角兽（*unicorn*）这个名字来源于拉丁语*unicornis*，意思是“一个角的动物”。本章提到的这种独角兽的外形几乎和马没有什么两样，只是它们的额头上多了一个尖尖的角。如果走近一些，仔细观察它们到底像什么动物，可能你又会产生不同的想法。

独角马这种独角兽本身也分为很多不同的类型。

古时候，人们就已经知道独角兽具有魔力。很多人因此想驯化独角兽，让它们从事一些体力活儿。曾经有人想给它们配上马鞍直接骑上去，还有人想过用它们来拉车。亲爱的读者，你是不是也想过骑在独角兽身上四处遨游？极少有人实现这种想法。准确地说，只有那些法力高强且经验丰富的巫师或魔法师才成功了。

那些获得独角兽信任的人，哪怕他们只获得了一对独角兽的信任（只是信任，因为独角兽从不会被完全驯化），也可以开始进行魔法实验了。巫师希望这一对独角兽能生出温驯听话的小独角兽从而为人类服务。如果实验成功了，那么巫师和魔法师们便多了一位得力干将。

如果实验过程中出了一些问题，实验结果不尽如人意，那这对独角兽可能就会生出奇形怪状的动物，例如长着一只角的怪物，显然，这不是人们想要的。

魔法师为了消除实验失败的影响，常常把那些生出来的怪物赶得远远的。就这样，它们进入了大森林或大草原，与野生的独角兽、野马、野驴、野鹿混居在一起……

> 我看见了三十二只独角兽。这种兽非常狡猾，样子与纯种马相似。不过它的头像鹿，腿像大象，尾巴像野猪，额头上黑色锋利的角足有两三米长。
>
> ——弗朗索瓦·拉伯雷
> 《巨人传》

中世纪的独角马画像

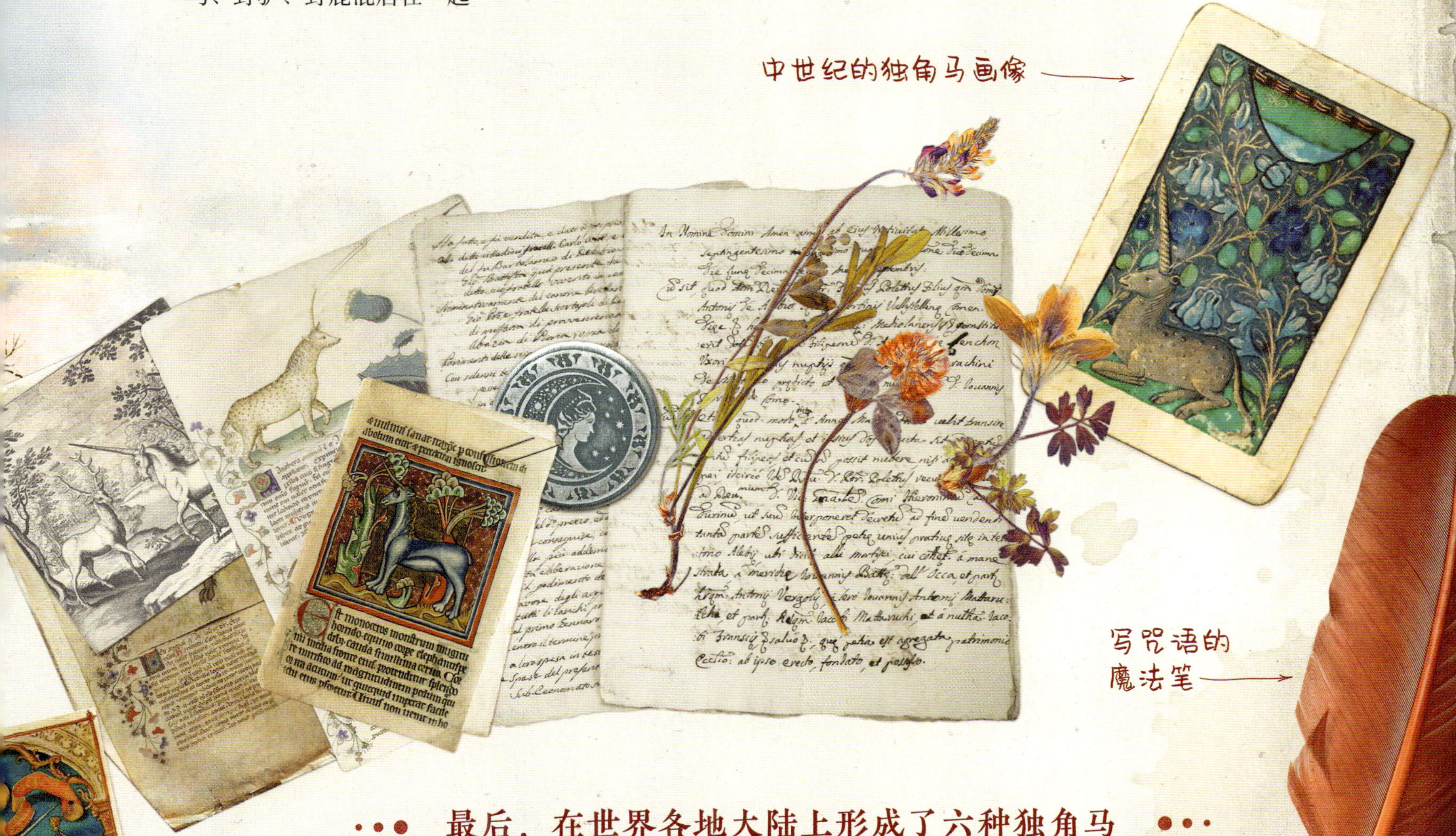

写咒语的魔法笔

最后，在世界各地大陆上形成了六种独角马（包括它们在非洲的一种远亲），分别是：

欧洲独角马 • 黎凡特独角马 勒姆 • 波斯独角马 沙德哈瓦尔

印度独角马 卡尔塔宗 • 突厥蒙古独角马 图尔巴尔 • 中非独角马 阿巴达

下面，让我们近距离地了解一下它们吧！

欧洲独角马

一些事实

首先，欧洲独角马是食草动物，你可能认为所有的独角兽都是食草动物。别着急，这种说法不完全对。

考古学家找到了欧洲独角马的头骨，研究后发现欧洲独角马的牙齿和马的牙齿非常相似，可以咀嚼青草、干草、麦秸等粗粝的植物，但没有长出可以嚼碎肉类的长牙。事实上确实有食肉的独角兽，稍后再说它们的情况。

其次，与马不同的是，欧洲独角马是偶蹄目动物（蹄甲数为偶数的动物），而马是奇蹄目动物（蹄甲数为奇数的动物）。有趣的是，从生物学的角度来看，与马、麝牛等动物相比，欧洲独角马与鹿、牛、野猪的亲缘关系更近，因为马和麝牛都属于奇蹄目动物，而鹿、牛、野猪属于偶蹄目动物。

再次，每种独角兽的尾巴区别很大。比如，欧洲大独角马的尾巴像马的尾巴一样，而小独角马的尾巴就像山羊的尾巴那样。与欧洲独角马相比，阿巴达独角马（科尔多凡[①]独角马）的尾巴就像野猪的尾巴一样，而独角龙，例如麒麟，它的尾巴就像狮子的尾巴一样。

偶蹄目动物足上的蹄甲通常成对出现，它们的足通常是由第三趾和第四趾变形而来，形状像鞋子（第二趾和第五趾发育不全，长在脚后，第一趾已经退化，也就是说没有第一趾）。

奇蹄目动物的后足有一个蹄甲（第三趾）或者三个蹄甲（第二趾、第三趾和第四趾）。

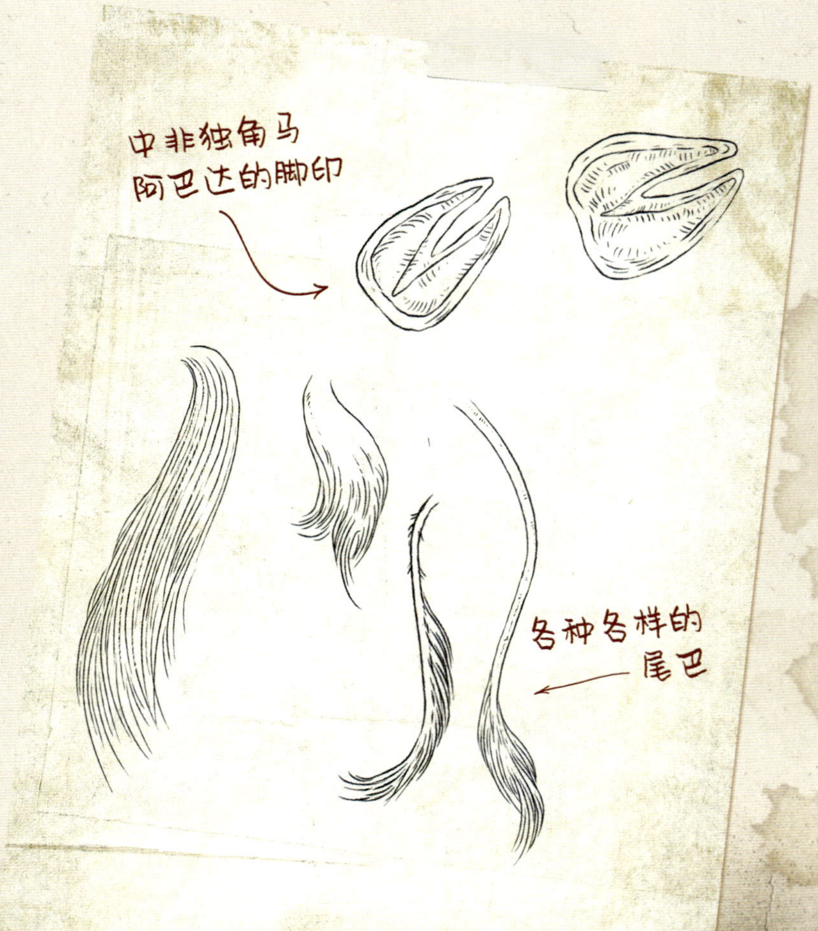

① 非洲国家苏丹的一个省，位于埃及以南。

最后，在中世纪，人们认为欧洲独角马的角里有一块红宝石。即使没有红宝石，欧洲独角马的角具有魔力也已经广为人知。人们给它起了一个名字叫“飞马角”。后来，人们把长着翅膀的欧洲独角马称为“飞马”。据说它们是独角马和希腊飞马繁衍的后代。

如今最著名的飞马是动画片《小马宝莉》里的角色，比如紫悦、珍奇、音韵公主、宇宙公主、月亮公主，等等。

因为大家认为“欧洲独角马”是很常见的一种独角兽，那么我们就以它为代表，来了解独角兽的习性，好吗？

漫谈独角兽

•••如果学者们用专业和规范的语言来描述欧洲独角马这种动物的话，大概就是：•••

体格匀称、结实，体脂较少的动物。该动物长相俊朗，额头呈方形，长着一只尖尖的、螺旋状的角；鼻梁不高，稍微有些塌陷；眼睛很大，轻微凸出；长有胡须；脖子很长，呈弯曲状，有点像天鹅的脖子；躯干匀称，臀部丰满，尾巴高高翘起；四肢十分发达，蹄子分为两瓣，蹄子周围的毛发浓密。

欧洲独角马的毛多为白色，从珍珠白到灰白，各种白色都有。

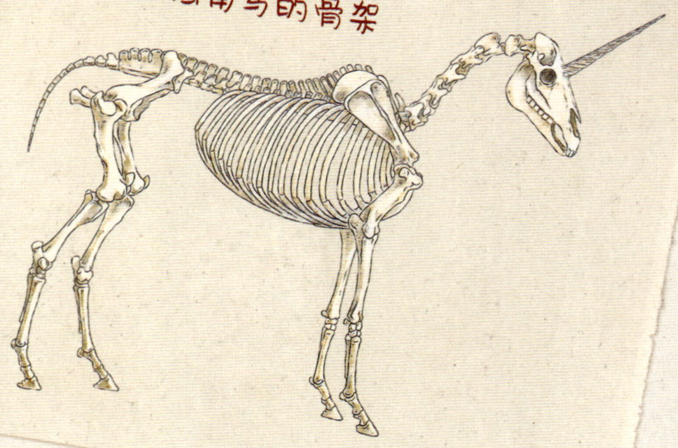

加果单从解剖学角度来看独角兽，那就一点意思也没有了。

诗人和作家都不吝笔墨地描绘栩栩如生的独角兽。比如，美国奇幻文学作家彼得·毕格在小说《最后的独角兽》中写了如下文字：

在画中，独角兽长得好像一匹头上长角的马。实际上却并非如此。与马儿相比，独角兽体形更小，蹄子分为两瓣，那种代代相传的优雅气质在马儿的身上是完全见不到的。鹿只是亦步亦趋地模仿它，而山羊更是极少展现这种优雅的姿态。独角兽的脖颈纤细修长，因此脑袋越发显得小巧可爱。披散在背上的鬃毛十分轻柔，如同蒲公英的飞絮一般，又同蝴蝶的翅膀一般。独角兽长着一对尖尖的耳朵，四条细长的腿上覆盖着雪白蓬松的绒毛。值得一提的是，独角兽额头上长长的角闪烁着珍珠般的光芒，即使在漆黑的夜里，也能照亮四方。

独角兽曾经用它的角刺死恶龙，治好国王久治不愈的伤口，还帮助小熊摇下树上成熟的板栗。

俗话说：“百闻不如一见。”这就是欧洲独角马的样子：

当然，上面这幅画只是欧洲独角马在人们想象中的模样。在日常生活中，它们多种多样、形态各异……

坏脾气的

独角兽

事情再坏，也坏不过遇到发怒的恶龙、饥饿的狮子和野生的独角兽。

——民间谚语

独角兽有一点非常不好——脾气很坏，有关它的暴脾气的记载由来以久。所有遇见独角兽的人都会发现，这种动物具有极强的攻击性，十分凶残。甘特在《樵夫日记》中记录了一次与独角兽的偶遇经历：

> 独角兽飞快地越过了黑莓灌木丛。它用鼻子嗅了嗅，低下头用角对着我，然后直接向我冲来。幸运的是，我脚下站的地方正好是一棵橡树的树桩。刚后退一步，我就被树桩绊倒了。突然，我的眼前仿佛出现了一道闪电，接着就听到了一阵轻微的撞击声和凄惨的嘶叫声……
>
> “好险！”——我一边想，一边抬头看。
>
> 只见独角兽的双腿分开，牢牢地撑在地上，喘不过气来。它的角已经完全扎入了一棵古树中，它极力挣脱，却无可奈何。我腿脚发软，迅速爬到另一边，然后头也不回地朝着城市所在的方向奔逃。后来那独角兽发生了什么事，就不知道了……

是的，独角兽的暴脾气已经众所周知。当它们独自出行时，在森林和田野里，狼、驼鹿、黑熊等动物都不是它们的对手。只有在南方的一些地区，独角兽遇到狮子或者大象时，才会受到一些威胁。

如果说独角兽和大象打架时，往往都是独角兽获胜（几乎每次打架，独角兽都能用角割破大象的肚子），那么当它遇到狮子时情况就有所不同了。比如，狮子可以凭借智慧打赢独角兽：狮子假装害怕独角兽，佯装逃跑，朝着大树跑去，然后急转方向跑向另一边，独角兽追着狮子来回跑动，往往因为速度过快，来不及“刹车”，一头撞在了树上，于是，狮子就可以轻而易举地打败独角兽了。但是，如果狮子和独角兽在旷野相遇，狮子无处躲藏，那么这场“战役”就毫无悬念，独角兽将获得胜利。

亲眼见过独角兽与狮子之间大战的人很少很少，而那些据说曾亲眼看见过的人，将大战的故事描绘得生动形象、惟妙惟肖，令人印象深刻，久久难忘。所以，许多国家的国旗和国徽上都绘有类似的独角兽与狮子这两位森林霸主打斗的画面。

徽章上的

独角兽和狮子

在英国的某些徽章上，可以看到狮子与独角兽。

有趣的是，雄壮的狮子曾是英格兰的象征，而勇猛的、崇尚自由的独角兽则象征着苏格兰。

英格兰、苏格兰、威尔士和北爱尔兰联合起来组建王国后，设计了新的国徽。在新国徽上出现了苏格兰的独角兽和英格兰的狮子，它们共同守护着象征王权的盾徽。

关于独角兽与狮子之间的争斗，曾经有一首民谣这样传唱过：

> 独角兽为了霸主地位，曾与狮子决一死战。狮子在城里走街串巷，准备出城作战。有人给它们黑面包，有人给它们大馅儿饼。在隆隆的鼓声中，它们所向披靡。
>
> ——萨·雅·马尔沙克

顺便说一下，如果你读过刘易斯·卡罗尔写的《爱丽丝梦游仙境》，你可能会发现，在那个奇幻世界里，狮子和独角兽常常因为争夺王位而开战。

有趣的是，在15世纪，独角兽一度有望成为莫斯科公国国徽上的图案！在俄罗斯双头鹰国徽出现以前的10至20年，伊凡三世（伊凡雷帝的爷爷）下令铸造一批带有独角兽图案的金币。在当时，铸造钱币不能随意进行，因为这是关系到国计民生的大事。伊凡三世深思熟虑后，铸造了一批金币。这些金币的一面有一个大大的十字架，十字架的四个夹角内各有一只独角兽。（因为在金币的另一面有船的图案，所以人们形象地把这种金币称为“船币”。）

俄罗斯人在金币上铸独角兽图案的灵感其实源于英国。但不列颠岛上铸造的金币上出现的并不是独角兽，那么，你猜猜看是什么动物？没错！就是狮子！

后来，俄罗斯又出现了一种金币。那种金币的一面铸有双头鹰，鹰的胸前有一只独角兽。不过，绘有独角兽图案的国徽和金币只使用了一段时间。相对而言，俄罗斯的统治者们更喜欢独角兽，他们常常把独角兽图案刻在自己的私人印章上，伊凡雷帝、鲍里斯·戈东诺夫（俄国沙皇费奥多尔·伊凡诺维奇的主要谋士，混乱时期曾被推举为俄国沙皇）等人都这样做过。

在俄罗斯帝国的大国徽上也有独角兽的身影。俄罗斯帝国的大国徽由各个地区的徽章组成，突厥斯坦的区徽位于右上方。在这枚金色的大国徽上，一只黑色的独角兽正在漫步，它那红色的眼睛、舌头和角显得十分突出。

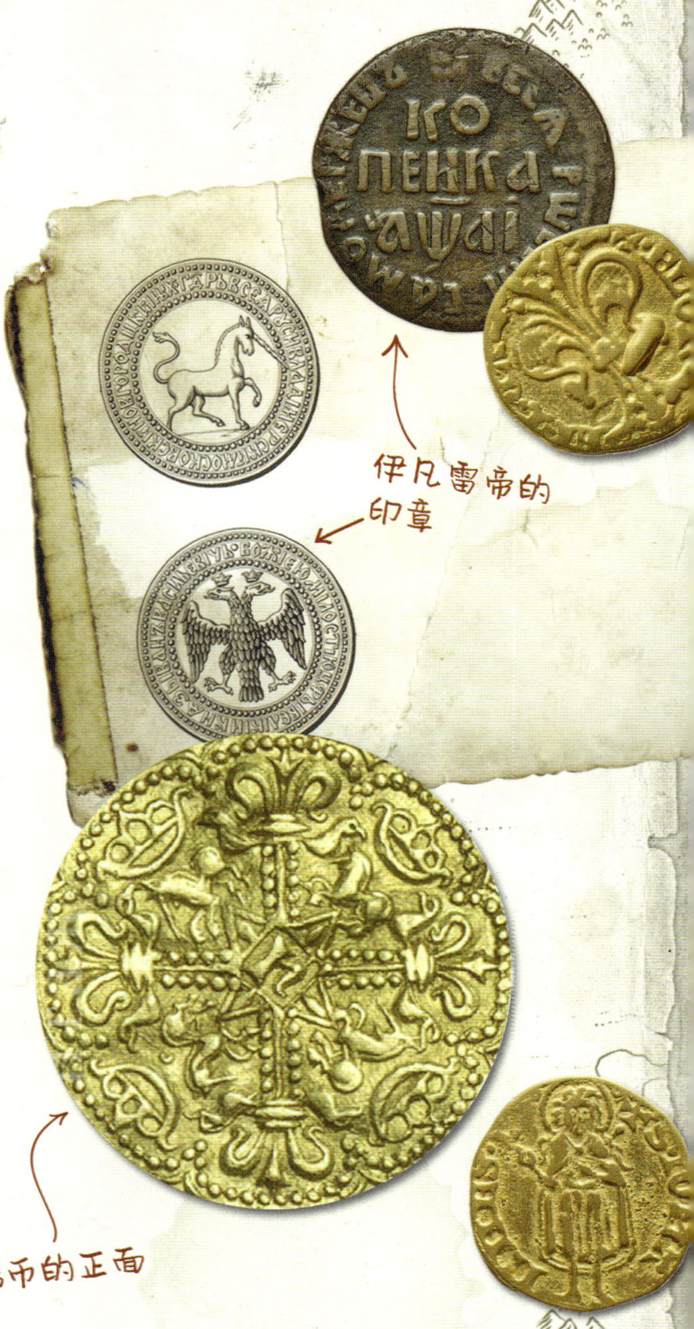

独角兽在丛林中

独角兽喜欢独居，通常把家安在茂密的丛林里，外人难以进入。白天，它们在林间空地上咀嚼草穗和浆果。它们最爱的食物是羊齿草的嫩芽和沿河岸、峡谷生长的野蔷薇的果子。

它们还喜欢水塘。欧洲独角马的住处周围一定有泉水、溪流或者湖泊，这样它们就有充足的水可以饮用和沐浴。欧洲独角马在水中时可以数个小时一动不动。有人认为，它们这样做可以从自然之中获得能量，可以吸天地之灵气，取日月之精华。

独角兽与自然为伴，所以寿命很长（一匹寿命最长的独角兽超过了100岁）。据传，如果独角兽无忧无虑地长期生活在某一个地方，它的魔力会与日俱增；同时周围的东西也都会带有魔力，比如它生活的森林也会充满魔力；它游过的湖泊会变得清澈见底，甚至连湖水都会带上它的魔力。人们喝了这种神奇的湖水后，不仅可以排出体内的毒素，还可以提高免疫力、增强体质。

有独角兽居住的森林
就是最神奇的森林。
——英国魔幻电视剧
《梅林传奇》

守护家庭的

独角兽

如果把独角兽比作人的话，那么它就是脾气暴躁、性格孤僻的那一种。因为脾气暴躁、攻击性强，独角兽从不与其他动物为伍，甚至也不与自己的同类们为伴。

与同类为伴的情况十分罕见，只有当两只独角兽结为“秦晋之好”时，才会暂时生活在一起……

通常婚后的一年内（极少数情况下在婚后两年内），独角兽宝宝便会出生。有趣的是，独角兽宝宝十有八九都是公的，母的非常少。所以母独角兽的出生真称得上是一个奇迹！

在刚出生后的前几个月里，独角兽爸爸和妈妈都会一起照看它们的宝宝。小家伙长得很快，半岁左右就可以跟着妈妈到处走了。独角兽妈妈走得很快时，小独角兽为了跟上妈妈的脚步，还会跑起来。

随着宝宝慢慢长大，就不需要妈妈和爸爸一起照顾它了。这时，独角兽爸爸和独角兽妈妈就该分开了。

独角兽宝宝刚生下来时，身上的毛都是金色的。快到两岁时，毛才由金色完全变成银白色。

——内约德·高达《神话手册》

虽然独角兽爸爸离开了，但是经验丰富的猎人都知道，独角兽爸爸其实并没有远离自己的家。它会从远处看着自己的家人，确认周围没有任何危险。当家庭出现一丁点儿危险时，独角兽爸爸就会马上出手帮助家人。一般来说，独角兽奔跑的速度非常非常快。猎人知道，当独角兽生气时，那速度就像射出的箭一样势不可挡，简直像火箭、像闪电一样快！

资深的猎人都了解独角兽的脾气，知道它奔跑的速度，知道它护家的特点。所以猎人们都认为，直接捕捉成年的独角兽爸爸是不明智的选择。

成年的独角兽爸爸奔跑速度快，猎人甚至都无法瞄准它们。所以，猎人通常都会尾随独角兽妈妈和小独角兽，伺机发起攻击。只有这样才有可能捕捉到想要的猎物。

那么，猎人想捕捉的猎物是独角兽妈妈和独角兽宝宝吗？独角兽宝宝并没有什么魔力，基本上一文不值。而独角兽妈妈在哺育小独角兽期间也失去了魔力。所以，猎人们真正的目标是独角兽爸爸，因为它们价值不菲。当独角兽妈妈和小独角兽出现危险时，独角兽爸爸就会出现并保护它们。独角兽爸爸会与猎人纠缠，直至独角兽妈妈和小独角兽找到地方安全藏身。

独角兽打起架来十分凶悍，在自然界中只有狮子能与之抗衡。即使如此，再凶悍的独角兽也敌不过猎人们的猎枪。

事实证明，对于独角兽来说，
人是比狮子、大象、恶龙更危险的动物……

独角兽在丛林里奔跑的速度很难准确计算出来，但是我们可以通过脚印来感受一下它的速度。据说，当独角兽起步时，前后两个脚印之间的距离是2至3米；当独角兽开始正常奔跑时，脚印之间的距离就达5至6米；当独角兽飞奔起来，前后两行脚印甚至会相差15至20米！

独角兽与少女

最古老的捕捉独角兽的方法是用诱饵猎捕。

——阿法南希·尼利亚雪夫-波克雷什金

《神奇的故事》

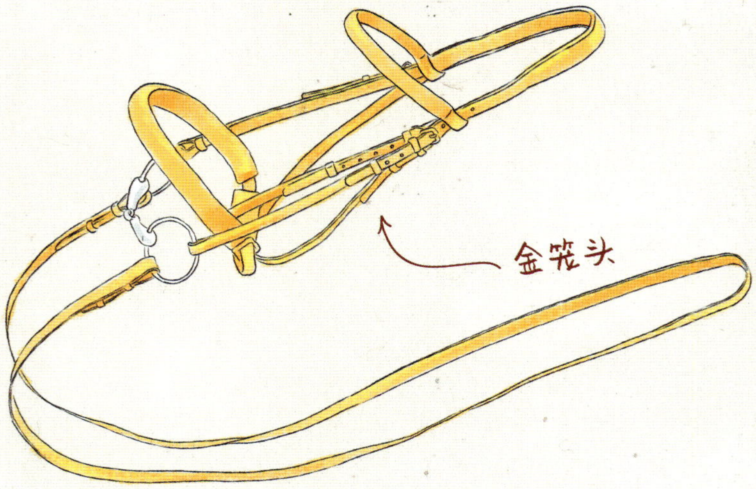

守护家庭并不是独角兽唯一的弱点。由于某些原因，独角兽对少女情有独钟。在森林里，如果独角兽看见了纯真的少女，它们就会靠近少女，低下头俯在她的膝盖上，慢慢睡去。

这种事情通常发生在欧洲小独角马的身上。从它的名字就可以看出，小独角马的体形比普通的欧洲独角马小得多，它的大小与大山羊差不多，从脚到肩的高度为60至70厘米。

请少女帮忙捕捉独角兽的构想一直没有实现，这主要有两个原因。一是很少有少女进森林时会主动随身携带纯金制成的系绳和笼头。二是猎捕独角兽几乎是不可能做到的事，因此大家对此都不抱什么希望，也没人请少女去猎捕独角兽。

在画家多梅尼基诺（16–17世纪的意大利画家）创作的这幅壁画上我们可以看出，一只出生不久的独角兽（欧洲小独角马）幼崽俯卧在一位少女的膝盖上，即将进入梦乡。如果此时有人给它戴上金笼头，它应该也不会反抗，还是会安安静静、服服帖帖的。

多梅尼基诺创作的水彩壁画《少女与独角兽》

布其发尔与王子

根据众多史料记载，曾经帮助过马其顿王亚历山大的布其发尔只是一匹普通的马。但是神奇生物研究者秘密协会坚信布其发尔绝不是一匹普通的马，而是一只独角兽。

有人向马其顿王菲利普（马其顿王亚历山大的父亲）进献了一只名叫“布其发尔”的独角兽。当时，这只独角兽十分狂躁，不断踢人，各种锁链都无法控制住它，也没人能靠近它。国王的卫士们都认为，骑上布其发尔是一件不可能做到的事情。

这就是布其发尔与亚历山大大帝初次相遇的场景

这天，年轻的亚历山大王子决定试着骑一下布其发尔。他求了父王很久，马其顿王始终没有同意，因为独角兽脾气暴躁，攻击性强，容易伤人，人尽皆知……

亚历山大王子非常坚持，他一次又一次接近布其发尔。亚历山大王子接近布其发尔并不是为了骑它，也不是为了摧毁它的意志，而是与它平等交流。为了体现平等和友好，亚历山大脱掉披风，放下武器，把绳子和鞭子都扔在一边……

亚历山大王子一边靠近它，一边说：“欢迎你呀，尊贵的客人！我没有恶意。请允许我骑在你的背上吧，一次就好。骑完之后，你就自由了。”

布其发尔听到了王子的话，缓缓低下了头。它的角恰好正对着王子心脏的位置。菲利普国王看见了这一幕，十分害怕。他吩咐弓箭手，拉开弓对着布其发尔。所有人都清楚，这么近的距离，一旦布其发尔对亚历山大王子发起攻击的话，就是神仙也救不了王子。

然而，布其发尔并没有这样做。它摇了摇脑袋，单膝跪在王子跟前。亚历山大王子，未来的亚历山大大帝，开心地大叫一声，骑在了独角兽的背上。转瞬间，他们就奔向了远方，身影消失在飞扬的尘土中……

从此他们成了亲密无间的好朋友。布其发尔一直陪伴着亚历山大，直到它生命的尽头。布其发尔载着这位君王出征埃及、波斯。在亚历山大大帝与印度国王波拉斯的最后一次战斗中，布其发尔壮烈牺牲。不久之后，亚历山大大帝也离开了人世。

猎捕独角兽

听说，他是魔法师？
听说，他神通广大？
那让他一个人去抓独角兽试试，
如果抓到了，我们就相信他。

——塔利斯·列克努姆
《大阿尔伯特的功绩》

交朋友是一件难事，需要付出真心、以诚相待。只有法力高强的魔法师才知道如何与独角兽做朋友。凡人想的不过是金钱而已。

猎人绞尽脑汁，只是为了猎捕独角兽，用来换钱。一个荷兰猎人在自己的日记中写道：

> 猎人们让年轻力壮的小伙子打扮成少女，用来引诱独角兽。“少女”往往喷上香水，站在风口处，这样香味就会直接飘到独角兽的住处。猎人们躲在离“少女”不远的地方，手持弓箭、长矛等武器。所有人都小心翼翼，一旦独角兽发现自己被骗了，那么大家都会有危险。通常，独角兽会被“少女”引诱，倾倒在“少女”的怀里，陶醉在迷人的香气中。此时，“少女”便会用袖子遮住独角兽的眼睛，让它无法看见猎人们的身影。当独角兽睡着后，猎人们便将它捆起来，锯下它的角。

仅锯下独角兽的角已经算仁慈的了，有些猎人还会用长矛刺死独角兽！

因为独角兽的角充满了魔力，所以人们千方百计地猎捕独角兽，就是为了得到它的角。

在魔法师眼中，独角兽全身都是宝，不仅独角兽的角具有魔力，而且它的毛和血都具有特殊功效。它的毛可以增强魔杖的法力（罗恩·韦斯莱、莱姆斯·卢平和塞德里克·迪戈里②都拥有过这种魔杖），它的血具有起死回生之效，哪怕是已经奄奄一息的人，用上几滴独角兽的血便能活下来。

但最好不要通过独角兽的血来救人，因为独角兽的血带有魔力，饮血可能导致一些祸事发生。

← 捕猎独角兽

②这些都是J.K.罗琳的代表作“哈利·波特”系列图书中的人物。你认识他们吗？

独角兽的角、魔法与诅咒

只有独角兽的角是最可靠的药。

——《中世纪药典》

独角兽的角在市场上十分紧俏，大家都想购买。这是因为独角兽的能量和魔力都汇聚在角上。独角兽的年龄越大，角的外形就越大，角的魔力就越强，在市场上的价格就越高。

独角兽的角价值不菲，因为它对所有毒药都能起到解毒的作用。人们甚至说，独角兽的角能解天下所有的剧毒。

相传，独角兽的角能解毒这个功效是被人无意中发现的。曾经有人经过湖边时，也许是吃坏了什么东西，他的肚子突然疼起来。这个人忍着腹痛继续往前走。突然，他看见有只独角兽用角在湖面上划来划去，湖面因此泛起了阵阵涟漪。随着独角兽的动作，湖边的毒蛇和其他毒物都被驱赶着四处逃窜，湖水变得清澈见底。独角兽走后，那个人喝了一口湖水，神奇的事情发生了，他的肚子马上就不疼了，整个人变得神清气爽。“啊！”他想，“肯定是因为独角兽的角有魔力！”

独角兽的角最初用来检测食物是否有毒。当然，角具有的魔力程度不同，对毒物的反应也有所不同。当魔力较低的角靠近毒药时，角上会蒙上一层水汽，就像是在出汗一样。

如果独角兽的角年代更久远，把它放入有毒的液体中，毒液就会变色。如果这是魔力高强的老独角兽的角，把它放入有毒的液体中时，毒液会立即沸腾，就像烧开的水一样翻滚，随后毒液就会失去毒性。

独角兽的角绝大多数是实心的，可以做成杯子。人们认为，用这种杯子喝水，可以告别手足抽搐的风险，也不会患上癫痫。用这种杯子一定可以延年益寿、百毒不侵。如果有人不慎中了剧毒，只要能喝上独角兽角杯里的水，便可以排除毒素，保住性命。

因为独角兽的角有治病的功效，而独角兽如此可遇不可求，因此有些古代的药房门口会挂上独角兽的画像。

独角兽一直是稀有之物，它们的角更是奇珍异宝，价值连城。17世纪，整个欧洲只有12只完整的独角兽的角，由此可见，这是多么稀罕的宝贝呀！当时，独角兽的角价格高昂，只有国王们才买得起。

用独角兽的角制成的杯子

德国汉诺威的药店

德国巴特·克罗伊茨纳赫的独角兽药店

由于独角兽的角价值连城，一般人都买不起，所以有些商人将独角兽的角研磨成粉，一点一点出售。这种粉末同样具有治病的功效，可以破除诅咒，化解邪祟，治疗狂犬病，驱蛔虫，驱除瘟疫，甚至可以治疗中世纪最可怕的疾病——黑死病。相传，罗马教皇曾经花12000块金币购买独角兽的角，阻止了黑死病在欧洲蔓延。

独角兽的角价格如此昂贵，导致市场供不应求，所以有人心存歹念，用象牙、猛犸骨、独角鲸的角来冒充。人们发明了很多方法来鉴别独角兽的角。比如，有的人用角沾水画一个圈，把毒蜘蛛放在圈里，因为独角兽的角有驱毒的功效，如果蜘蛛无法走出这个圈，那就说明这个角是真的；有的人用冰水测试，独角兽的角放在冰水中会冒出气泡；还有的人把角放在装满毒蝎子的容器中，如果角是真的，那么这些毒蝎子必定会在四个小时内死去。

为了获得独角兽的角，更多贪婪的人加入到大规模猎捕独角兽的队伍中来。

最终，这种稀有的动物在世界上近乎灭绝。独角兽纷纷隐藏起来，把家搬到了人类难以进入的秘境。或者，它们以另一种形式活在了民间故事、奇幻小说、电影、动画片和电脑游戏等虚幻的世界里。

英国女王伊丽莎白一世曾经用10000磅金币买到一只独角兽的角。

在波兰人入侵俄国的动荡年代里，他们拥戴了新沙皇。沙皇的权杖就是用独角兽的骨头制成的，上面点缀着红宝石等珠宝。一个名叫亚当·若乌凯夫斯基的军人兼旅行家见到权杖后，十分惊讶，他没想到莫斯科居然有如此完整、如此巨大的独角兽骨头。毕竟他游历欧洲各国，从没见过这样的宝贝。俄国沙皇的这支权杖，商人们的估价是20万匈牙利金币。

鉴别独角兽角的真伪

在了解欧洲独角马迁往哪里之前，

让我们先认识一下其他种类的独角兽吧。

黎凡特独角马

勒姆

黎凡特独角马勒姆是最古老的独角马之一，已经消失了几千年。如今，我们只能在传说故事中才能找到它们的印记。

虽然人们关于黎凡特独角马的记忆已经有些模糊不清，但是它们的传说故事至今让人印象深刻。例如，犹太人的传说中曾描述，上帝让亚当给动物取名字，亚当首先给黎凡特独角马取名为“勒姆”。亚当和夏娃犯错后被上帝逐出了伊甸园，上帝让勒姆自己选择，是留在伊甸园还是跟随亚当和夏娃奔向人间。勒姆选择了跟随亚当和夏娃来到人间。它因此获得了神的祝福。

关于众多勒姆的传说故事本身也存在矛盾之处。在有些版本中，勒姆个头很高，身材匀称，十分俊朗；而另一个版本的故事中，勒姆十分庞大，并且非常笨重，可以说它就是一头庞然大物。

黎凡特（历史上不太准确的地理名称）是历史上近东地区的一个州，位于地中海的东岸，大致位于今天的叙利亚、黎巴嫩和以色列一带。

大洪水时期，挪亚准备把所有动物装进方舟。但由于勒姆的体形实在太大，方舟里根本就放不下。洪水来临的时候，陆地都被淹没了，勒姆只能把角插入方舟里，身体则在方舟外飞行，否则它就会被洪水淹死。这个故事是否真实可靠，如今已无从知晓。类似的故事在印度也存在，只是主人公由挪亚变成了摩奴，勒姆变成了印度独角马卡尔塔宗。

在犹太人的民间口头文学和古籍里，勒姆是充满野性、速度极快、桀骜不驯、十分危险的独角兽。

有趣的是，和欧洲独角马一样，勒姆的劲敌也是狮子。有研究者认为，勒姆与狮子的矛盾是从这件事开始的：

> 有一天，名叫大卫的牧羊人来到山上放羊，遇到了勒姆在山上闲逛。勒姆趴在地上，大卫就爬到了它的背上。谁知道勒姆突然站了起来，因为勒姆很高，大卫就好像到了天上一样。大卫害怕极了，他祈求神的帮助。这时，一只狮子突然出现了，它强迫勒姆俯下身子，大卫这才平安落地。

从那时起，勒姆和森林之王狮子就被视作以色列王国的图腾，它们相互打斗的场景也能在犹太教堂等很多地方见到。

“勒姆”在古犹太语中的意思是“凶猛的野兽”。多么可怕！

波 斯 独 角 马

沙德哈瓦尔

它是独一无二的独角兽。

第一眼看过去，沙德哈瓦尔只是非常普通的独角马（相对于独角兽族群而言）。这种独角马姿态优雅，个头不高，大概只到成年人的腰部。

沙德哈瓦尔的小脸蛋儿倒是能吸引很多人的眼球：它的脸色彩丰富，眼睛周围长有很多斑点，好像在哭一样。这与金钱豹非常相似。

与其他独角兽都不同，沙德哈瓦尔的角是空心的。它的角上还长着42到72个数量不等的小枝。有时，微风吹过角时，角上的小枝会传出悠扬的旋律，仿佛有人在吹奏长笛。猎人们常常看见微风吹过时，沙德哈瓦尔静静地站着，一动不动，好像在欣赏着美妙的音乐……

乐声逐渐吸引了附近的野兽和鸟儿。它们围在沙德哈瓦尔身边，安静地听着音乐，如痴如醉。

相传在波斯国王的宫廷中，沙德哈瓦尔的角十分珍贵。乐师们常常把它们的角当作乐器吹奏。有趣的是，这些乐器既可以吹出欢快的曲调，使人们听后哈哈大笑，又可以吹出忧伤的旋律，使人们听后泪流满面。

沙德哈瓦尔长着这样的角并不是因

如今，“波斯”这个词往往指的是被阿拉伯侵占之前的历史时期的伊朗。

为它喜爱音乐。事实上，沙德哈瓦尔是一种猛兽，它的角具有很强的攻击力。

是的，那动人的旋律不过是吸引猎物的一种方式！当许多动物围在它身边，等着听风和独角兽的角演奏出美妙的音乐时，沙德哈瓦尔会以迅雷不及掩耳之势冲向那些着迷的听众。很多动物来不及做出反应，就死在了它那锋利的蹄子下。

那些侥幸逃走的动物暂时保住了性命，沙德哈瓦尔不会继续追捕。因为那些死了的着迷的听众已经足够让它美美地吃上一顿了！

古波斯有关
沙德哈瓦尔的绘画

印度独角马

卡尔塔宗

名字来源于梵语的“卡尔塔宗”，意思是“野外的霸王”。卡尔塔宗正是生活于无人的野外（或者人迹罕至的地方）。

古希腊旅行家麦伽斯提尼这样写道：

……在印度一些偏远的地区中，那里树木茂密，荒草丛生，高山耸立，是各种野兽的天堂。这些野兽中就有一种独角的动物，名叫“卡尔塔宗”。它的体形和马差不多，脖子上的鬃毛像狮子一样浓密，身体其他地方的毛是棕红色的，非常柔软，如天鹅绒一般。卡尔塔宗腿部肌肉非常发达，跑起来速度很快。它的蹄子是多趾的，跟大象一样；尾巴短短的，像野猪一样；在它的额头上，眉毛之间长着一根角，它的角不是直的，有的地方有点弯。

卡尔塔宗的角是黑色的，非常锋利，就像铁一样。有一次，我正好看见卡尔塔宗在一块大石头上磨角。印度人都说，卡尔塔宗的角可以穿透盾牌、木板和石头。猎人们都不愿猎捕卡尔塔宗独角马，因为没有武器能抵挡住它锋利的角。而且从远处也无法射杀卡尔塔宗，因为它一直躲在灌木丛中，十分隐蔽。

我还听过它的叫声，那声音震耳欲聋，简直就是我这辈子听过的最难听的叫声。

有一天，我仔细观察了一下卡尔塔宗，它进食的方式非常可笑：它伸着长长的舌头，从灌木的枝丫上卷下树叶，然后细细咀嚼。一些小鹿也在它的身旁吃树叶，卡尔塔宗对此毫不在意，一点儿也不生气。

后来当地人告诉我，卡尔塔宗对其他动物非常友善，但是对同类却十分凶狠。公独角马之间经常发生激烈的打斗。每只卡尔塔宗的角都十分锋利，所以它们打起架来不是你死就是我亡。

还有人跟我说，公独角马有时也和母独角马打架。这可真是奇了，不同性别的独角兽之间还发生打斗，这个物种居然还没有灭绝。听说，只有它们热恋时，才能相安无事。

印度地区至今还流传着一个

独角马卡尔塔宗拯救印度的故事。

印度是个谜一样的国家。它的国土非常辽阔，面积相当于西欧加上中欧，因此也被称作次大陆。印度还是世界四大古文明之一的哈拉帕文明的发祥地。

一代天骄、蒙古汗国的开创者成吉思汗的军队曾经翻山越岭到了印度。他们走了很久很久，终于走出了大山，看见了肥沃的山谷和富饶的城市。这时，一只卡尔塔宗出现在了成吉思汗面前。成吉思汗停下了脚步，不再向前走，将士们也跟着他停了下来。

这只独角马向成吉思汗靠近，在他面前跪了三下，看了看他的眼睛，然后跳入草丛里，消失不见了。成吉思汗愣了一会儿，突然反应过来，说道：“这是父亲的灵魂给我的警告！”说完，他便撤兵离开了印度。

突厥蒙古独角马

图尔巴尔

如果你问巴什基尔人、哈萨克斯坦人或者土耳其人这样一个问题：“图尔巴尔是什么？”他们最有可能告诉你的是：图尔巴尔是古代传说里出现的一种很有名的、长着翅膀的天马。总体来看，他们说得没错。

或许你又会说：“等等，这种长着翅膀的天马和我们知道的独角兽有什么关系？”别急，且听我慢慢说来。

很久很久以前，图尔巴尔住在广袤的大草原上，从黑海之滨一直延伸到朝鲜半岛。大草原就是图尔巴尔的故乡，生活在大草原的游牧民族就是它们的朋友。虽然各个游牧民族对图尔巴尔的称呼不同，但是在所有英勇的战士和勇敢的猎人看来，图尔巴尔都是他们最忠实的伙伴。古代的一些民族十分尊崇图尔巴尔，因此从古时候起，他们部落首领的衣服上就常常带有金色的图尔巴尔图案。如今，在蒙古国和哈萨克斯坦的国徽上，还可以看到图尔巴尔的形象。

那么你可能又要问了：“为什么两国国徽上的图尔巴尔形象完全不同？”我只想说：“因为所以，科学道理！”

开个玩笑。

实际上这个问题很简单：因为图尔巴尔会变身。从它的外形来看，它并不总是以庞然大物的样子出现。当图尔巴尔混进普通的马群中时，它的体形也会随之改变，变成普通马的大小。

你相信吗，这种有点驼背，头上的毛有点少，耳朵大大的，有点像民间故事里的驼马的就是图尔巴尔。一旦战士把手放在它身上的时候，神奇的事情就会发生：图尔巴尔将变得十分英俊，长出独角和翅膀，并且可以腾云驾雾，召唤旋风和闪电。

当时鲜卑族的金属浮雕制品

唯一的问题在于：除了天选之人，其他任何人都看不见图尔巴尔。在普通人眼里，图尔巴尔不过是一匹其貌不扬的马。假如普通人看见了图尔巴尔的翅膀，那么它便不会再次长出翅膀来。假如普通人看见了图尔巴尔的角，那么它不久后便会死去……正因如此，图尔巴尔才会躲躲藏藏，只将自己托付给命中注定的人。

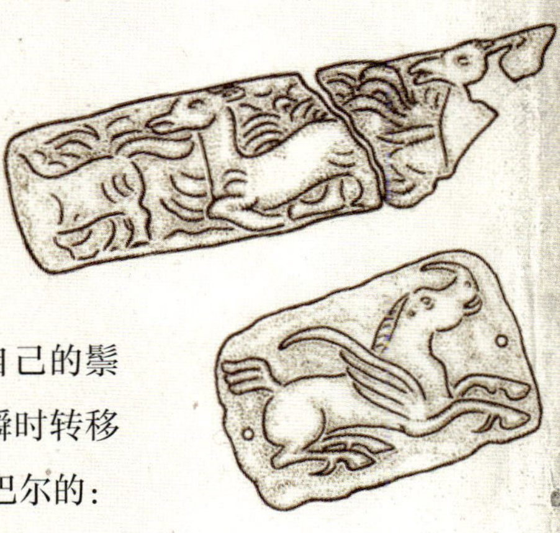

图尔巴尔的奇妙之处还在于对自己的鬃毛极其敏感，它的鬃毛就像是一部瞬时转移的呼叫器。有的传说是这样描述图尔巴尔的：

从图尔巴尔鬃毛的左右两边各拔一根毛，再从它的刘海中拔一根下来。需要的时候，将鬃毛放在手里，握紧拳头，再吹一口气。如果手里放的是右半边的鬃毛，那么你的面前将会出现一匹图尔巴尔；如果手里放的是左半边的鬃毛，那么你面前将会出现一群图尔巴尔；倘若用牙齿咬断刘海中拔下来的那根毛，你面前将会出现上千匹图尔巴尔。这样，你的图尔巴尔战士们就可以帮你消灭所有敌人。

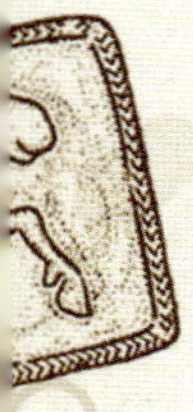

几乎横跨了亚欧大陆的欧亚草原（又称大草原）十分辽阔。自古以来，大草原上就居住着许多游牧民族，他们经常侵扰欧洲、波斯、印度等周边国家和地区。

关于图尔巴尔的最后一件奇事是这样的：据说，图尔巴尔走过的地方，地底下会涌出泉水。传说喝了泉水后就会迸发无尽的灵感。

不对，那还不是最后一件奇事，这才是最后一件：学者们认为图尔巴尔不仅是所有独角兽的祖先，还是古希腊飞马的远亲。

中非独角马

阿巴达

与其他独角马相比，中非独角马（非洲人称为“阿巴达”）不太走运。

中非独角马既没有欧洲独角马的速度，也没有突厥蒙古独角马的魔力……当欧洲人到达非洲时，非洲大陆上已经看不到它了。当地人几乎吃光了所有的阿巴达！

阿巴达最有特点的地方就是它的角。当四周非常安全时，它的角就会像鸡冠一样柔软，垂在额头上；一旦出现危险，它的角就会立刻竖起来，变成锋利的武器。

此外，阿巴达的角还有药用价值，这一点和欧洲独角马类似。阿巴达的角晒干后可以研磨成药粉。一旦有人被毒蛇或毒蝎子咬伤，在伤口处撒上这种药粉，不久后就会痊愈。

然而，当地许多人猎捕阿巴达并不是为了得到它的角，而是为了吃它的肉，因为他们相信它的肉非常美味。当然，阿巴达也非常罕见！如果非洲国家出一本《濒危神奇生物红皮书》的话，那已经灭绝的阿巴达肯定要排在前面。据传它们还没有完全灭绝，而是聚居在南苏丹的热带雨林里。

没错，非洲独角马曾遍布非洲大陆，从某种程度上来说这也不是什么好事。在这块大陆上曾经还有三种独角犀牛。亲爱的读者，你们还记得是哪三种独角犀牛吗？

那就让我们来
近距离地认识它们吧！

非洲是一块神奇的大陆，非洲的许多奇闻逸事流传至今，让人捉摸不透。

独角犀牛

如果你懂一点古希腊语的话，那么“独角犀牛”翻译成汉语，你可能会翻译成“大角动物”。

独角犀牛这个名字体现了这种独角兽的特点：体形庞大，头上的角十分显眼。独角犀牛与独角马极为不同，它们的区别就像犀牛和马的区别那样大。

独角犀牛体形很大，身体强壮，四条腿很粗，相比之下它的头显得有点小。当然啦，它是独角兽，所以头上还长着一只角。它的角没什么法力，与其他独角兽的角相比，看起来长很多，也大很多，除此之外，就没有特别的地方了。

独角犀牛生活在几百万年前，体形十分庞大。它身长可达6米，高度可达2.5米。想象一下，要是它去你家做客，走进你家肯定要顶到屋顶了！

成年的独角犀牛体重大概有5吨，它那长长的大角超过1.5米。

科学家们认为，独角犀牛的祖先是一种名叫独齿犀牛的动物。

板齿犀繁盛的时期，地球上还没有人类。几千年的时间，地球的形态变了，气候变了，板齿犀也变了。它们有的灭绝了，有的进化成了我们熟悉的犀牛……

随后，在亚欧大陆的北部出现了早期的原始人，矮小的板齿犀也开始繁衍。有人认为当时的原始人已经开始驯化板齿犀了，但这只是一种看法，目前无法考证。

研究表明，独角马就是从这种板齿犀进化来的。不久后又出现了图尔巴尔。再后来就出现了勒姆、卡尔塔宗、沙德哈瓦尔和其他独角马。

其他板齿犀进化成了独角兽家族里的大型动物——独角犀牛，它们高大雄健、风度翩翩。相比于俊朗的独角马，许多人更喜欢独角犀牛。不管过去如何，现在全世界只有两种独角犀牛：

西伯利亚独角犀牛
英德里克

阿拉伯独角犀牛
阿里·卡尔卡丹

那么它们是什么样的动物呢？

过去，独角犀牛曾是动物之王。
它随便动一动，山都得晃三晃。

——阿伊·奥尔舒奥
《神话动物学》

西伯利亚独角犀牛

英德里克

••• 广阔的西伯利亚，在古代曾是板齿犀的天下，•••
如今却变成了独角犀牛英德里克的领地。

英德里克大概是世界上最大、最神秘的独角犀牛。它之所以神秘与体形有关。英德里克又大又重，大地都撑不起它，所以它总是陷在地里。最开始只是脚陷在地里，后来膝盖、腰都陷了进去，到最后可能整个身子都隐藏在地里了。最神奇的是，英德里克陷在地里还能活下去！

正是因为英德里克常年躲在地里，所以很少有人见过它们。不过，它们到过的那些地方总是留下一个个巨坑。这些坑，人们倒是经常见到……

据说，它们留在地表上的坑慢慢地变成了峡谷、盆地和沟壑。这些地方如果被水淹没的话，就形成了西伯利亚的池塘、湖泊和河流。当然，这不是一天形成的，而是天长日久的结果。英德里克每年还会拓宽河道、清理河床等。在一些高山附近，比如在阿尔泰山周围，英德里克随便走动一下就可能引起山崩地裂。如果在冬天，它可能会引发雪崩。

可以说，英德里克就扎根在地上，与大地相伴。它的兴趣也都在大地上，野兽和人类它都不关注（可能是因为野兽和人类对它来说都太渺小了），也不会对他们做些什么。

在历史上首先遇到英德里克的是涅涅茨人，他们管这种动物叫作“伊耶诺拉”或者“杨戈-霍尔”，后来这些名字到了俄语里就变成了“英德里克”。值得一提的是，“杨戈-霍尔”原本的意思是“大地之主”。

有趣的是，生活在这一带的科米族人曾把“英德里克”叫作“地鹿”或“猛犸”。

英德里克生活在广义的西伯利亚地区，就是乌拉尔山以东一直到鄂霍茨克海一带的地区。

生活在汉特-曼西斯克自治区的那些民族管这种独角犀牛叫“牧夫-霍尔”（汉特人这么叫）或者“维特卡西”（曼西人这么叫），这些名字的意思都是“地里的牛”。

雅库特人管这种独角犀牛叫“乌阿古萨”或者“水牛”。

除了可以清理河床，英德里克还因为这样奇妙的经历广为人知：它们的寿命长达几百年。当英德里克老了，在地里走不动的时候，它们就会从地里钻出来，取下自己的角。从它们的角里会生出幼崽，幼崽慢慢长成年轻的独角犀牛。老独角犀牛取下角后，又会钻进土里，安静地死去。

猎人们总想弄到英德里克的角。不是因为它的角在黑夜里能发光，而是因为它的角和独角马的角一样具有很高的药用价值。根据史书记载，早在17世纪，俄罗斯阿列克谢·米哈伊洛维奇沙皇曾经用价值一万卢布的貂皮和皮草换得三只英德里克的角。

英德里克一直都是非常稀有的动物。原因很简单：这么大的动物，它们活下来得需要多大的地方啊！现在，人们生活的区域越来越多，独角犀牛的数量不断减少。具体剩下多少只独角犀牛暂时还不清楚，但它们肯定还有，没有灭绝。

1926年，英德里克曾经获得过“世界陆地最大哺乳动物”的称号。比它更大的哺乳动物也只有已经灭绝的恐龙了。

涅涅茨人是西伯利亚土生土长的原住民。现在他们生活在俄罗斯阿尔汉格尔斯克州、秋明州、涅涅茨自治区和亚马尔·涅涅茨自治区。

15世纪俄罗斯人曾经为英德里克写过一首赞歌：

万兽之王英德里克，常常行走在地洞里，

它翻越所有的白石山，清理溪流和水冲成的孔洞，

使河流和冰冷的源泉缓缓流淌。

它走过的地方，泉水会沸腾；

它一转身，地下的泉水便会翻滚起来；

一旦它玩得兴起，全宇宙都会随之震动。

世界上的野兽都崇拜它，因为它从不欺负任何人。

阿拉伯独角犀牛

阿里·卡尔卡丹

阿里·卡尔卡丹一度在北非、波斯和印度十分猖獗。

阿里·卡尔卡丹是一种近似犀牛的大型野兽，它的体形有普通犀牛的1.5倍那么大。它的尾巴和狮子的很像（尾部有一撮毛），鬃毛也和狮子的一样。阿里·卡尔卡丹头上长有一只黝黑的角，这在独角兽之中非常常见。不过它的角扁平而锋利，就像一把宝剑。顺便说一下，关于阿里·卡尔卡丹这个名字的来源有这样的说法：这个名字来源于梵语，意思是“宝剑”。

阿里·卡尔卡丹的角非常重，所以它在走路的时候脑袋总是垂着，几乎快贴在地上了。没准儿这也是一件好事。

鸽子站在阿里·卡尔卡丹的角上

我们接着说说这种独角犀牛的名字。我们曾经提到过“卡尔塔宗”，它的名字的意思是“野外的霸王”，而阿里·卡尔卡丹在阿拉伯语里的意思是“沙漠之王”。沙漠之王这个称号阿里·卡尔卡丹当之无愧。因为它的体形十分巨大，性情也像有些国王一样残暴。

不论欧洲独角马多么凶猛，卡尔塔宗多么不合群，它们和阿里·卡尔卡丹比起来都是小巫见大巫。卡尔卡丹并非不喜欢其他动物，它只是受不了和其他动物共处。一旦有动物出现在视线里，卡尔卡丹就会立刻扑倒它们，给那些“碍事”的动物致命一击。

鸽子是卡尔卡丹唯一的朋友。对阿里·卡尔卡丹来说，它们甚至称得上是喜欢鸽子的独角兽。因为阿里·卡尔卡丹允许鸽子接触身体的任何地方，鸽子站在它的角上也没问题。看见过这一画面的人们都坚信，鸽子咕咕的叫声能使狂躁的阿里·卡尔卡丹平静下来，闭上眼睛……

••• 有关阿里·卡尔卡丹，一位阿拉伯的旅行家 ••• 在自己的札记中这样写道：

这个岛上有一种动物叫阿里·卡尔卡丹。它们像我们国家的奶牛、水牛一样，在大地上奔走，不同的是这些动物体形更大。它们喜欢吃青草和低矮的灌木。这些庞然大物脑袋中间长着一只粗粗的角，大概十肘长（约合5.55米，译者注），上面还绘有人像。

水手、旅行家和一些流浪诗人曾经告诉我们，那种叫作阿里·卡尔卡丹的野兽的角里藏着一只大象，大象和阿里·卡尔卡丹一起在岛上游荡。由于酷热难当，大象的汗水滴在了阿里·卡尔卡丹的眼睛里，阿里·卡尔卡丹就什么也看不见了。

阿里·卡尔卡丹只好静静地躺在岸边。忽然，一只大鹏鸟飞来，用爪子擒获了它。大鹏鸟带着阿里·卡尔卡丹飞向自己的鸟巢，用阿里·卡尔卡丹以及它角里的大象的肉来喂养自己的孩子。

就这件事而言，可以断定阿里·卡尔卡丹最不喜欢的动物就是大象。更何况，大象还比它们高！

当阿里·卡尔卡丹和大象打架时，它总是用自己锋利的角瞄准大象的肚子。如果这一波攻击没有成功，它立马转身，号叫着逃往沙漠。如果它成功刺穿了大象的肚子，那么通常它们会同归于尽。大象是因受伤而死，而阿里·卡尔卡丹则是因饥饿和缺水而死。阿里·卡尔卡丹的死因为何如此奇特呢？这是因为它们的角一旦刺入大象的肚子里，就很难再拔出来了，也就因此被大象困住了。

还有一点，阿拉伯人说阿里·卡尔卡丹的肉和油具有神奇的治病功效。

当然，它的角也有人需要，但是肉和油更具魔力。

这就是阿里·卡尔卡丹——独角犀牛——庞大、危险又俊俏的动物。

顺便一提，当大象和普通犀牛在非洲草原上打架时，通常都是大象获胜。大象只需随便一顶，就能把犀牛掀翻在地。

哦，对了，我们好像还没提到过独角龙呢，下面让我们来认识一下它们吧！

独角龙

独角兽中，独角龙是独一无二的！它们具有巨大的超自然力量和神奇能量！无论人们在何时何地看见独角龙，都会把它们当作神一样顶礼膜拜。

独角龙从哪里来，今天我们已经无法准确得知。有关这个物种起源的故事早已湮没在了历史的风尘里。学者们甚至无法判断独角龙的祖先是什么物种，不清楚它们是从哪种动物演化而来的。

有关独角龙的起源存在多种说法。

一些人认为，独角龙是一种龙，而非独角兽，它们在开天辟地时就已经存在，据说是它们在混沌中稳定了秩序；另一些人认为，独角龙的出现是一个偶然，是大自然和人类开的一个玩笑。

还有人认为，独角龙可能是由恐龙进化而来。因为有一种叫作“角龙”的恐龙头上就长着一只角。所有的角龙头上都有一只（或多只）角。“角龙”这个词在英语里的意思就是“头上长着角的动物”。

古生物学家（研究已灭绝动物的专家）称，角龙也有很多种，据统计至少有20种。其中，三角龙是体形最大的角龙。它的高度可达3米，体重可达10吨。

普通的龙我都从来没有见过，
就更别提头上长角的龙了！
——圆桌骑士兰斯洛特

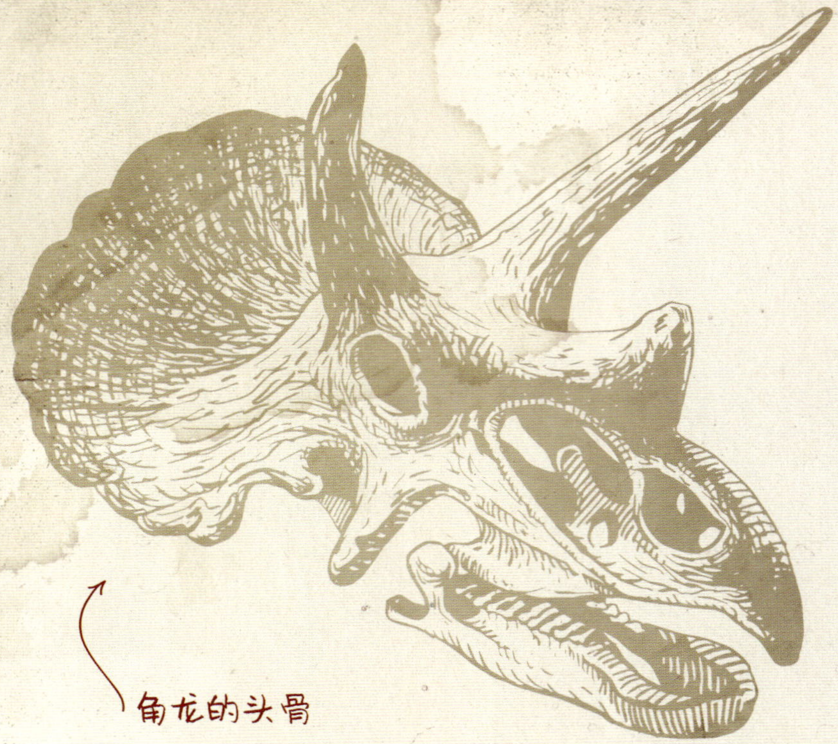

我猜，你肯定认识三角龙。它们可以和暴龙匹敌，而且恰巧也是角龙家族中的一员。

如果我们认为独角龙是从角龙进化而来的话，那么可以肯定，从前还有很多种独角龙。

但是今天，只有三种独角龙还小有名气：

苏美尔独角龙
牧石鲁什

•

中国独角龙
麒麟

•

日本独角龙
麒麟

•• 那，让我们来认识一下它们吧！••

苏美尔独角龙

牧石鲁什

牧石鲁什（此外，它还常被称作“西鲁什”，其实这个叫法是不对的）不仅是最古老的独角龙，也是最古老的独角兽。

因为牧石鲁什这种古老的动物生活在非常久远的年代，所以人类有关它们的记忆早已模糊不清。只有在古巴比伦王国（今伊拉克境内）的伊什塔尔门上的浮雕里才能找到它们仅存的踪迹。

1902年，德国科学家罗伯特·科尔德威发现了牧石鲁什的图案。当时，罗伯特就认为图画上的动物是一种以前没有发现的物种。他小心翼翼、夜以继日地开始研究自己的这一发现。

经过科学研究，罗伯特得出结论：牧石鲁什的的确确是一种曾经真实存在过的动物。因为在各种神话故事里，一般来说，同一个神话人物的形象总是千差万别，有时甚至自相矛盾，而牧石鲁什在各种神话故事里的形象却比较一致：猛兽的身体、蛇头、直直的不长的角、前腿像狮子的腿、后腿像雄鹰（或者其他猛禽）。此外，它全身长着细小的鳞片，尾巴尖部长着奇怪的东西（有的像狮子一样，尾巴上长着刚毛；有的像蝎子一样，尾巴上长着毒针）。

古代的美索不达米亚人曾经对此感到不解：牧石鲁什是什么动物？它们是如何出现在这个世界上的？学者们发现了一些写满古文字的砖块，上面记录了牧石鲁什的传奇故事：

远古天地还没有分开之时，整个世界是一片无边无际的海洋。诸神为争夺权力爆发了战争。为了击败马尔杜克（巴比伦的守护神），龙母迪亚马特生下了十一只怪物，包括多头蛇、巨狗、翼龙、蝎人（半人半蝎）等。

有趣的是，古巴比伦的天文文献中将天上的“长蛇星座”称为“蛇”（发音是“牧尔牧什”）。据文献记载，这个星座就像一条长蛇，长着两条狮子的前腿，没长后腿，还长着和牧石鲁什一样的翅膀和脑袋。

它们的牙齿非常锋利，獠牙能直接置对方于死地！
它们周身充满了毒素，
让所有的恐龙陷入恐慌。
如果赠它们一轮光环，那它们就会像神一样威严。
它们一旦参加战斗，便不会退缩。

在“它们”之中就有牧石鲁什。但是它没能帮上迪亚马特的忙。在与马尔杜克的交战中，牧石鲁什败下阵来。迪亚马特死后，牧石鲁什便投靠了马尔杜克，成为他的下属。

为何牧石鲁什会从两河流域消失？今天已无人知晓。科学家们猜测，它们应该是全体或者部分迁徙到了东方，演变成被称作“麒麟”的中国独角龙。

苏美尔位于幼发拉底河和底格里斯河流域（又称两河流域）的南部。苏美尔文明是人类历史上的古老文明之一。那里发现的楔形文字距今已经有近6000年的历史！

古巴比伦王国伊什塔尔门上的浮雕

中国独角龙

麒麟

自古以来，俄罗斯人就习惯把麒麟称为“中国独角龙”。

不熟悉情况的人可能觉得这很奇怪，麒麟有两只甚至三只角（有的可能没有角，有的还可能长着鹿角）。我们已经知道了，麒麟可能是由最古老的独角龙牧石鲁什演变而来。这是其一。其二，角的数量可以区分麒麟的性别。雄性麒麟一般只有一只角，角的顶端通常都会分叉。不过，在这些独角兽生活的地方，人们通常不会刻意区分它们的性别，在他们看来，毕竟雄性或雌性的麒麟都是同一种动物。就说麒麟这个名字，实际上也反映了这一点。准确地说，中国古人将雄性的称“麒”，而雌性的称“麟”。

中国人非常喜爱并崇拜麒麟，把它视为瑞兽、神兽。麒麟与龙、凤、龟并称为“四灵”，镇守四方。根据中国的神话传说，龙管理所有带鳞片的动物，凤是百鸟之王，龟领导着所有带甲壳的动物，而麒麟就是所有四足野兽的首领。

是的，我们现在知道的所有关于麒麟的故事都来自民间传说和神话故事。因为只有道德高尚的君子才能亲眼见到麒麟。麒麟现身的次数非常少，它每次现身都有重大意义——提醒人们将有大事发生。比如，有时麒麟现身是为了告诉人们，刚出生的某个孩子

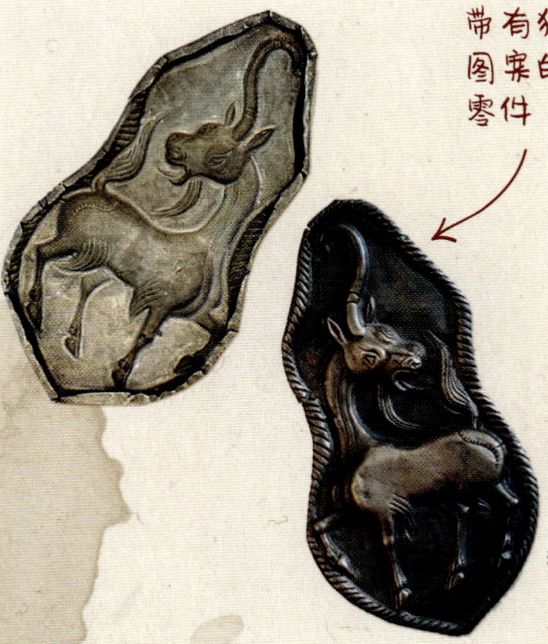

带有独角兽图案的马具零件

将是未来的大人物。从某种意义上来说，中国的麒麟和欧洲的鹳有些相似：在欧洲，鹳与生育息息相关；而在中国古老的传统观念里，正是麒麟给幸福的家庭送来了孩子。

有趣的是，在没有照相机、没有印刷术的年代（你知道吗，中国发明印刷术比欧洲早了400多年），麒麟的故事只能口口相传。所以，麒麟的形象就更显得怪异了：它有麋身（体形更小）、狼脖、牛尾、马蹄，全身覆盖着五彩的兽毛，头上长着一只角。

不过，还有一种单色的麒麟。这种麒麟浑身纯白，就像欧洲独角马一样。中国人认为，这种麒麟是神仙的坐骑。

虽然很少有人亲眼见过麒麟的样子，但是它们的图案在中国却非常常见。人们认为，麒麟不但非常善良，而且对人类也非常友好。麒麟和描绘麒麟的图案可以保护人们免受邪祟侵扰，保佑人们平平安安、长命百岁（相传麒麟可以活到3000岁）。

中国麒麟既是最神秘的独角兽，也是对人类最

中国有着非常独特的文化、传统、艺术。在整个东亚，中国扮演了思想、宗教和时尚的原始家园的角色。一般来说，遇到麒麟很难，因为它们分布在人们未知的地区。据说在中国出现了以角质结构为特点的麒麟的品种和分支，中国人自己也对这些品种和分支感到困惑呢。

友好的动物。为了不误伤人类，有一种麒麟的角甚至都不是坚硬的，而是软软的，顶部还长着一个肉瘤。只有在少数路见不平的情况下，麒麟才会生气发飙，攻击作恶的人。

一般情况下，麒麟的行动非常小心，不会伤及任何人。它不像沙德哈瓦尔那样踩踏捕食其他动物，也不像欧洲独角马那样打打闹闹。

当麒麟来到人间时，它不会踩折一株小草，不会踩死一只小虫。人们说，麒麟还会飞，还能在水面上行走。还有传闻，它因为吃了仙草才拥有了这些法力。

中国人认为“獬豸”（韩国人称为“哈也其”）是一种特殊的麒麟。一本用古汉语写成的奇书中记载：

东北荒之中有兽，名獬豸，一角，性忠，见人斗，则触不直者；闻人论，则咋不正者。

——《异物志》

獬豸是受人尊敬、受人喜爱的动物。它之所以拥有如此崇高的地位，是因为它刚正不阿。不管是在打架时，还是在争吵中，或是在公堂上，它总是及时出手，拆穿谎言，惩罚罪人。

根据古代文献记载，獬豸生活在水源充沛的谷地，通常栖息在河流或者溪水周围。如果凡人到它的栖息地探寻，它往往不会现身。若是哪个村里发生了骚乱或是出现了冤案，獬豸就会第一时间赶到现场。比如，有这样一个传说：有人被污蔑偷了钱（实际上是栽赃的人自己把钱藏了起来），獬豸出现在人群里，径直走向了那个栽赃陷害别人的坏人，用角刺穿了他的肚子，随后，獬豸化作一缕青烟，消失在人们的视线中。

正是因为獬豸拥有这些美好的品质，所以它们的形象常常出现在公堂里，或者出现在官员、监督员和审判员的衣服上。普通人也佩戴獬豸的饰品祈求无灾无祸、远离是非。民间传说，如果将獬豸的塑像放在房顶的话，那它们不仅可以保护家宅免受邪祟侵扰，还可以避免火灾。因为一旦起火，獬豸就可以吞食火苗。但是这样做獬豸可能会受伤。我还想说一下，尽管中国和日本的独角兽存在着许多不同，但是人们已经习惯了把它们都叫作“麒麟”。中国的麒麟和日本的确实差别很大，我们现在就来说说它们的区别吧。

对了，还有一件趣事，曾有中国人认为古人所说的麒麟就是今天的长颈鹿。

日本独角龙

麒麟

曾经地球上最大的两种鸟都生活在海岛上：一种是隆鸟，它们生活在非洲的马达加斯加岛；另一种是恐鸟，它们栖居在大洋洲的岛国新西兰。隆鸟和恐鸟高度可达3米，体重可达250千克。

如果说中国麒麟是2500年前苏美尔独角龙牧石鲁什繁衍的后代，那么从中国麒麟再演化为日本麒麟的时间则要晚了许多年。专家们估计这个演化的时间应该晚于公元1200年，距今也已经有800多年了。

中国麒麟迁居到日本后便成了日本麒麟，一跃成为这个日出之国动物世界里的主角。发生这种变化可能与地理环境相关。生物学家认为，这种现象就是人们常说的“岛屿巨化症”。岛屿巨化症指的就是一些大陆的动物移居岛屿后，体形迅速变大的现象。两代动物之间，后代总是比前代更大，也就是孩子的体形总是比父母的体形更大。

除了体形，日本麒麟还有一些别的特点。比如，它的全身长着大大的鳞片，就像战士们穿的铠甲一样。这还不是最明显的特点。最明显的特点是日本麒麟喜欢喷火！少数情况下，日本麒麟出现在人们面前时（当然，日本麒麟现身的情况也非常非常少见）舌头上总是吐着小火苗，脖子发红，尾巴和长长的龙须（没错，东方的龙都长着胡须）上下飘扬。

有趣的是，如果说绝大多数独角兽是吃草的素食主义者，那么日本麒麟完全不是我们想的那样，它们连草都不吃。它们以阳光和微风为食，从维护公平与正义中获得超能力。据说，日本麒麟和獬豸一样会出现在公堂上，为无罪的苦主辩护。

相传，日本麒麟由金木水火土五行构成，可以帮

助人们获得丰收，保佑人们平安顺遂。

直到今天，每年春天在日本鸟取县的一座庙里还会表演麒麟狮子祭祀舞。在舞蹈过程中，“狮子”接连向上跳，最后飞向天空。那画面简直太美了！日本麒麟是美的化身。亲眼见过日本麒麟的人都说，每当它出现时，天空中的乌云总会散去，明媚的阳光会普照大地。

日本麒麟还有另一个名字，叫“伊卡库尤”，意思是“一只角的野兽”。那些天资聪颖的孩子也和麒麟扯上了关系，人们把那些孩子唤作“麟儿”。

日本是一个神奇的国家。尽管从17世纪到19世纪实行了锁国政策，但印度、中国和欧洲的传统在这里相互交织，产生了一种非常独特的文化。

如果无从判断你见到的是中国麒麟还是日本麒麟，可以这样分辨：长着大鳞片，长胡须，还特别喜欢喷火的麒麟，就不是中国麒麟，而是日本麒麟！

半独角兽

是否要在此书中写下“卡玛乌埃托”“米拉吉”“驳”和“卡姆夫鲁赫”的故事，我苦思良久……

为什么我会纠结写不写这些半独角兽的故事呢？一方面，这些半独角兽长得完全不像独角马、独角犀牛和独角龙……一点儿都不像。

但另一方面，每只独角兽都有一个显著的特点，那就是脑袋上长着一只角！有些独角兽的角还具有魔力。半独角兽正好也符合这个特点。这么说来，它们也应该是独角兽。

这就是我纠结的地方，直到最后，我也不敢确定它们到底是不是独角兽。反正它们都存在过，就算它们是某种危险的野生动物，那也是一种神奇生物。不管那么多了，我带大家认识一下它们吧。就算它们再野蛮，再危险……它们也应该活着！独角兽应该活着，即便它们不像那些你所认识的神奇生物那样。

我修订了本书的内容，来介绍一些奇怪的动物。这些动物的脑袋上都长着一只角，但是不确定是否属于独角兽。这一章的标题就叫作“半独角兽”吧，因为这章介绍的动物有点像独角兽，但好像又不是很像。

那么，我们来看看吧！

谁说独角兽长得像马？我看到独角兽的时候觉得它长得像狮子。骑在独角兽身上的时候觉得它长得像蓝鲸！

——卡尔·闵希豪森男爵

智利半独角兽

卡玛乌埃托

卡玛乌埃托是力量超群的半独角兽。
它看起来像巨马或巨牛，长着锋利的爪子和獠牙。

卡玛乌埃托是一种生活在靠近陆地的浅海里的野生独角怪兽，经常偷袭来往的船只。它用角扎穿船底，等船只沉没后，再追捕沉船上的人。

卡玛乌埃托深受智利女巫们的喜爱。女巫们经常把它们当作自己的坐骑，给它们套上缰绳，骑在它们身上。

巫师们可以让成年的卡玛乌埃托运载货物（只有用棕色水草编成的粗绳才能牵住卡玛乌埃托，别的东西都不行），还可以用成年卡玛乌埃托的角生出卡玛乌埃托宝宝。

孕育卡玛乌埃托宝宝的过程比较复杂，需要举行一定的仪式，然后将成年卡玛乌埃托的角放入沼泽中，精心照顾一段时间。随着卡玛乌埃托宝宝出生、长大，最大的难题也摆在了巫师们面前——如何饲养这种动物？这真的很难很难，因为卡玛乌埃托不容易被困住，它总是努力挣脱牢笼！

如果逃脱了牢笼，那就无法阻止它回归大海了。奔跑的卡玛乌埃托会引起疾风骤雨，树木被卷起来，山丘直接被吹进海里！回到海洋后，卡玛乌埃托更加疯狂，它不断地损坏岸边的礁石，甚至用角把礁石顶出一个个大洞。这种野兽实在是太危险了！

另外值得一提的是，卡玛乌埃托的角十分珍贵，可以制成接合断骨的药粉。巫师将卡玛乌埃托的角放入盐水中与醋同煮数小时，便可制成这种药粉。

卡玛乌埃托的故乡在南美洲国家智利的南部，位于太平洋和安第斯山脉中间的狭长地带。

海岛半独角兽

米拉吉

米拉吉是最小的半独角兽，其实在所有的独角兽里它的体形也是最小的。它只有兔子那么大，而且长得也很像兔子。当然啦，米拉吉和兔子最明显的不同就是它长着一只长长的、锋利的角。

有关米拉吉的故事，我们只能从流传下来的中世纪阿拉伯水手或商人的讲述中知晓。他们曾说，在印度洋的某个地方有一座龙岛，岛上栖息着多种珍禽异兽，其中就有一种动物叫作“米拉吉”。它是黄色的，很像兔子，两只眼睛中间长着一只黑色的角。

相传，岛上的第一只米拉吉是马其顿王亚历山大亲自送来的。当时，岛上的人们成功杀死了侵扰该岛多年的恶龙，亚历山大听闻此事后，将米拉吉作为礼物送给了他们。因为这场胜利，这座岛和周围的一些小岛都被人们称为“龙岛”。

马其顿王是如何得到米拉吉的呢？其实是布其发尔带给他的（你还记得吗？我们曾经说过布其发尔的故事。）因为在这里从来没有过米拉吉生活的痕迹，所以它们到了岛屿上，觉得格外舒适安逸，开始疯狂繁殖后代。这种情况其实十分常见。当人们把某种新物种带到一个地方时，因为那里没有它们的天敌，新物种便会疯狂繁殖，造成灾害。虽然米拉吉体形小，但实际上它十分凶猛，龙岛上没有任何动物能对它构成威胁，别的动物见到它都得拼命逃跑，生怕落入它的“魔爪”。

因为繁殖速度过快，岛上的米拉吉数量暴增。它们吃光了岛上所有能吃的食物，最后全都饿死了。这可真是一个悲伤的故事。

印度洋长期以来被认为是地球上最神秘的海洋。直到18世纪，人们还把印度洋的最南端称作“Terra Australis Incognita”（未知的南方大陆）。印度洋上的海岛对人们来说也是神秘的存在。

马鲁古半独角兽

卡姆夫鲁赫

马鲁古群岛上的半独角兽卡姆夫鲁赫似乎可以归入独角马的范畴。因为专家说，它的角和欧洲独角马的角一样，都具有解毒的功效。卡姆夫鲁赫的身子像鹿，脖子上长着像狮子一样整齐的鬃毛。这样看来，它是不是很像欧洲独角马?

确实是有点像，但又不完全一样。和鹿相比，卡姆夫鲁赫的生活习性更接近河马。一天之中凉快的时候（例如早上和晚上），它都在陆地上活动，等到最热的时候或者深夜，它就钻进了湖水或者沼泽里。

卡姆夫鲁赫的身体构造也有些特殊。它的一对后脚长得像鹅掌，而一对前脚长得像鹿蹄。鹿一般吃草，而卡姆夫鲁赫可以利用自己的角捕鱼为食。

顺便说一下，卡姆夫鲁赫的角确实是一件利器，大概有一米长，足有成年人的手臂那么粗。卡姆夫鲁赫的角可以在耳朵到鼻子之间自由移动，这大大提高了它的攻击力，既可以攻击猎物的正面，也可以对猎物的侧面发起攻击。水下狩猎时也是如此。

有趣的是，卡姆夫鲁赫既可以在淡水中生活，又可以在咸水中生活。海员们说，他们在海上漂泊的时候曾经见过卡姆夫鲁赫。

这真的很特别!

马鲁古群岛位于苏拉威西岛东面、新几内亚西面以及帝汶岛北面。中国和欧洲的航海家曾经把这座岛称为“香料群岛”，而阿拉伯人则把它称作“国王群岛”。

蒙古半独角兽

驳

史前时期，蒙古国境内遍布森林和沼泽，草地横亘在高地上。到了中世纪，这里孕育出了人类历史上最大的王国——蒙古。

驳等动物可于雪山附近遇到。此山遍布槐树，盛产美玉与朱砂，矿石储藏亦颇丰。此外，驳还可于蒙古平原与北海之岛上找到……

——《山海经》

这种名叫“驳”的动物到底是什么样的？它也是一种凶猛的独角兽，类似于沙德哈瓦尔。它长得不像鹿而像白马。它的角和尾巴都是黑色的。它长着四只虎爪，还长着锋利的獠牙。但是对人来说，它并不危险，因为它不吃人，只吃老虎和豹子！

没人知道，为什么驳的饮食习惯如此怪异，只吃老虎和豹子，不过事实就是如此。如果在某个地区出现了许多狼、豹子和老虎，农家的牛羊接连被咬，数量急剧下降，这时候，当地的人们便会祈祷驳的出现。在射击武器发明以前，只有驳才能保护农家的牛羊，使它们不至于“全军覆没”。

苏格兰半独角兽

拜伊斯特-纳-斯戈洛加格

拜伊斯特-纳-斯戈洛加格属于半独角兽。它的名字为什么这样呢？因为这个名字来源于古代凯尔特语。至今，还有一些苏格兰人在使用这种古老的语言。

在古老的语言中，“贝斯特”（béist）或“拜斯特”（biast）的意思是“野兽、怪物、狡猾的动物”，“斯戈洛加格”的意思是“像烟卷一样揉皱的纸团”。所以，拜伊斯特-纳-斯戈洛加格的意思就是“角被揉皱的怪物”。

尽管在苏格兰，这个词也可以指普通的独角兽，但真正的拜伊斯特-纳-斯戈洛加格和普通的独角兽差别很大。与马相比，拜伊斯特-纳-斯戈洛加格长得更像山羊，但是身高要高出许多。普通的拜伊斯特-纳-斯戈洛加格身高可达2.5米。有趣的是，这种动物之所以这么高，不是因为外形巨大，而是因为腿长。它的腿就像踩着高跷一样。当然啦，拜伊斯特-纳-斯戈洛加格的腿太长，使它的走路姿态不够优美，跑起来速度很慢，不过也可以帮助它轻松越过诸多障碍，自由驰骋在山川湖泊中。

还有一种传说，所有的拜伊斯特-纳-斯戈洛加格都是雄性动物，它们都是狼人。为了繁衍后代，它们会变成人的模样讨少女的欢心。如果少女给它们生下了孩子，那孩子必定也是雄性的狼人，长大后就变成了拜伊斯特-纳-斯戈洛加格。

要知道，拜伊斯特-纳-斯戈洛加格最讨厌的是那些不会游泳的人。当拜伊斯特-纳-斯戈洛加格在河流或者湖泊中戏水时，只要看到有人在岸边，它总会弯下腿来，把腿藏在水中。人们看见它还以为见到的是普通的山羊（拜伊斯特-纳-斯戈洛加格甚至会把自己的角藏起来），那么人们就会放松警惕，以为此处的水很浅，可以下水。

如果人们还是不下水的话，拜伊斯特-纳-斯戈洛加格就会从水里跳出来，用角攻击他们。它的角虽然有些弯曲，但还是很锋利，十分危险。

这种动物的分布不太广泛，主要在苏格兰西部赫布里斯群岛中的斯凯岛和一些小岛上。

结　语

亲爱的读者，恭喜你，你已经读完了这本有关独角兽的书。
现在你已经知道了独角兽的主要种类、它们都有什么饮食习惯、
它们的脾气如何、它们都生活在什么地方
以及它们都有什么样的魔力……

其实，我们还有一些内容没有提及：现在独角兽的生活如何？为什么我们在森林中见不到它们了？它们上哪儿去了？

这些问题并不难解答。实际上，早年我还有幸接触过它们，如今它们已从这个世界上消失，无处可寻。枪的出现以及偷猎行为使它们的处境变得岌岌可危。贪婪凶狠的人类居然还朝着一些毫无威胁的独角兽开枪，这导致独角兽种族面临灭绝的危险。

正因如此，独角兽渐渐离我们远去。那些年纪较长或者魔力较强的独角兽将自己藏匿起来，与人类隔绝。猎人们无法到达独角兽的秘境，想法善良纯朴的人倒有可能进入。当然啦，如果大家了解独角兽的脾气的话，就会知道进入它们的秘境也不是什么走运的事情。不过，我们现在能看到的一些有关独角兽的电影倒是经常把它们描绘得十分善良，一点儿都不凶狠，甚至对人类还非常友好。但是这些电影表现的主题一般都是讲述青少年和小独角兽的友谊。比如，《小独角兽》[3]这部影片中讲述的是一个小女孩与独角兽的故事，而《尼加-独角兽》[4]讲述的是一个小男孩与独角兽的故事。

不过，电影里展现的情节，例如人与独角兽在现实世界中相遇，其实是很少见的。因为和其他幻想动物及传说动物一样，独角兽移居到了虚幻的世界里。也许，虚幻的世界还不止一个，有许多许多。众多的幻想动物和传说动物就生活在许许多多的虚幻世界中。

3000年前的滑石印章印出的图案

③ 2002年由保罗・马修斯执导。
④ 1998年由格雷姆・坎贝尔执导。

徽章王国是一个由徽章和旗帜构成的“国度”。早在哈拉帕文明（印度河文明）时期，第一批独角兽就出现在了那里。距今已经有将近5000年的历史了！

你是不是以为这些动物不久前才移居到虚幻的世界？可能是在20世纪之后？其实，这一切早已发生。徽章王国就是独角兽的天下。

独角兽首次大规模出现在徽章上，大概发生在中世纪，当时独角兽被人们公认为是美的化身。从前，独角兽只出现在欧洲一些显赫家族的图腾中。今天，独角兽的图案已经出现在了许多城市的市徽里。此外，独角兽的图案也常常出现在手艺人的私人印章或者公司的公章上，人们用独角兽表明自己的产品质量好。

徽章上的独角兽千奇百怪，什么奇形怪状的都有！有的像山羊，有的是奇蹄动物，还有的没有胡须。但是，不管它们长得怎么样，都象征着崇高的美德——价值、纯洁、严肃、勇敢和力量。正如一本书中写道：“独角兽就像勇敢忠诚的战士，宁可战死沙场，也决不落入敌手、苟且偷生。”

如果独角兽（通常和狮子结成对）展开身体站在盾牌旁，就好像持着盾牌一样，那么它们就被人们称为“持徽者”。如果独角兽的图案是画在盾牌上的，那它们的形态又会有所不同。盾牌上的独角兽图案通常有以下几种形态：

起立：两条腿离地，就像一匹要起步的马一样。

行走：三条腿着地，右前腿离地，身体微微向前倾和向上仰。

站立：四脚着地。

当然，在徽章上还有其他姿势的独角兽（躺着的、跳跃的或者酣睡的），但是这些图案比较少见。

有些图案中的独角兽也会戴着王冠。不过，通常不是像狮子和老鹰那样把王冠戴在头上，而是——套在脖子上！国王的头饰就这样变成了独角兽的项圈。王冠的意义因此变得含糊不清。有时候，王冠上还会套着锁链，缠在独角兽的身上……

与徽章紧密相关的还有钱币。钱币是另一个图案的世界，因为钱币不光用于市场流通，还蕴含着美学价值。

独角兽具有丰富的象征意义，因此，有些国家在徽章和钱币上印上了它们的图案。不仅如此，一些药剂师和炼金术士也常常使用独角兽的图案。炼金术士是早期的化学家。虽然，炼金术士中也有很多是骗子，但还有很多人是有真本事的。他们用独角兽的符号来表示金属汞。汞就是旧式温度计和体温计里用的那种水银。

虚幻的动物还有一个常常出现的地方，那就是天空。许多幻想的动物最后都在天空出现，成为某个星座，独角兽当然也不例外。

1822年的星座图

根据古希腊神话，狩猎女神阿尔忒弥斯将独角兽送上了天空。当时，英俊的巨人俄里翁在打猎时意外将天上的独角兽击落，为了保住爱宠的性命，女神把它变成了一群星星。有趣的是，后来俄里翁在追逐普勒阿得斯（古希腊神话中提坦神阿特拉斯和大洋神女普勒俄涅所生的七个女儿的统称）时被天蝎所咬。最后俄里翁、普勒阿得斯和天蝎都变成天上的星座，就连俄里翁的猎狗也变成了天上的大犬座。

如今，独角兽座（中国人把它称为麒麟座）属于赤道带星座，由146颗肉眼可见的星星构成。

在俄罗斯，只有中部地区和南部地区的人们才能在夜空中看到这个星座，最佳的观测时间是在二月。独角兽座位于银河中，虽然独角兽座的星星都不太亮，但找到它们倒也不难。因为它们位于明亮的天狼星、南河三星和参宿四星组成的“冬三角”星群之中。

当然啦，独角兽不仅出现在徽章上，还常常出现在各种油画、版画甚至毛毯上……

独角兽还经常出现在文学作品中。我原本打算做个表格汇总出现过独角兽的作品名称，但统计到200个的时候，我发现这件事情太难了，不可能做完。因为几乎在每部科幻作品中都会出现独角兽的身影。它们常常帮助主人公，有时它们自己就是作品的主人公。

在一些作品中，它们是负面角色，是反派，危害人间。不过这些作品只是少数。

当代美国科幻作家格伦·库克笔下的“卡连塔”，不仅勇猛，而且聪明，甚至还有自己的猎狗。在当代美国科幻作家塔玛拉·皮尔斯笔下也有类似的独角兽。

再强调一下，“黑化”的独角兽只是个例。通常独角兽对人类都是非常友好的，就算不友好也不会伤害人类。

对于爱读少女遇险情节的读者，我推荐你阅读安德烈·诺顿的作品《独角兽年》。虽然在这本书的情节中，独角兽并没有出现，但是认识一下其中的神奇世界想必也很有趣。

女士和独角兽

古代苏格兰的硬币

独角兽的种类特别多，每种独角兽的天性又不相同。如果真的要概括它们的天性，那简直是斯芬克斯之谜，并非每个人都能猜中谜底。

不过，我可以推荐给你一些描述它们生活的书籍，也许这样更贴近你的生活。别担心，不用剧透我们照样能行。

有关独角兽最著名的书是美国作家彼得·毕格的作品《最后的独角兽》。该书以一位独角兽姑娘的视角进行叙述，讲述了她作为最后一只独角兽离开故乡寻找同伴的故事，人们根据这本书又拍摄了一部同名电影。

彼得·毕格的另一部作品《独角兽奏鸣曲》讲述的是独角兽王国的故事。一位年仅13岁的小姑娘乔伊·里维拉初学音乐时竟然踏入了独角兽的神奇王国。

在安妮·麦考菲利的小说《独角兽的继承人》中，你可以见到一只具有魔力的独角兽。相传这个独角兽家族能给认识它们的人带来幸福和财富。

梅列吉特·比尔斯的“独角兽三部曲”系列讲述的是一个独角兽家族的故事。这个独角兽家族被恶龙从世代栖息的土地上赶走了。这件事情发生在数个世纪以前，此后独角兽家族的成员流离失所，直到某一天，这个家族一位名为聂素熙·布拉米亚（俄文意思为承载着家族的希望）的独角兽宝宝出生了……

皮尔斯·安东尼在他的“新学徒”系列中创造了有趣的独角兽形象。那些独角兽不仅可以幻化成人形，还可以变成其他的东西。

在美国作家罗杰·泽拉兹尼的笔下，独角兽是皇族的祖先，象征着不朽的城市。书中的主人公通常都在安比拉城周围或者阿登森林里遇见独角兽。

还有泰瑞·布鲁克斯所著《黑色独角兽》。这本书属于“蓝道佛王国纪事”系列的后续作品。蓝道佛王国是一个神话王国，那里有神仙有鬼怪，还有……独角兽。黑色的独角兽，是代表邪恶吗？还是不一定呢？

在日本作家村上春树的小说《世界尽头与冷酷仙境》中有一个与独角兽头骨相关的奇怪想法，不过，我暂时不建议你读这本书。

以上介绍的都是可供阅读的书籍。如果你想看一些影视作品的话，那么我推荐你看以下电影：

《魔幻王朝》（1999年，戴维·卡森、赫伯特·怀斯执导）

《哈利·波特与阿兹卡班的囚徒》（2004年，阿方索·卡隆执导）

《独角兽之旅》（2001年，菲利普·斯宾克执导）

彼埃尔·奥梅绘，1694年

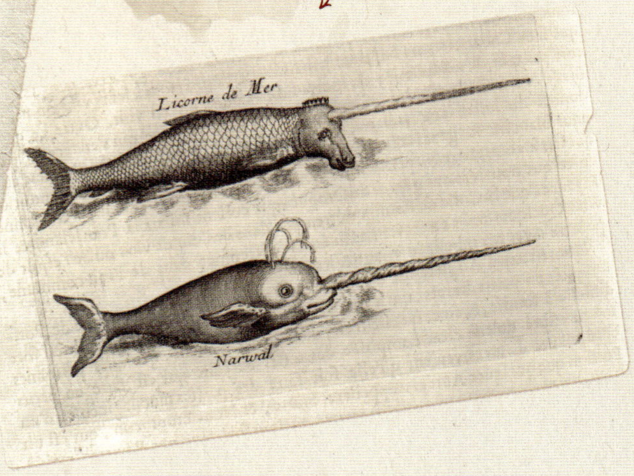

《狮子·女巫·魔衣橱》（2005年，安德鲁·亚当森执导）

《墨水心》（2007年，伊恩·索芙雷执导）

不过，在这些电影中独角兽都不是最主要的角色，所以不会经常出场。有一部科普电影《独角兽：传说还是现实？》[5]，这部电影和我们上面提到的电影完全不同，故事都围绕着独角兽展开，独角兽就是最重要的角色。

顺便提一下，你喜欢玩电脑游戏吗？你在电脑游戏里碰到过独角兽吗？

在《模拟人生3》这个游戏里你可以与独角兽亲密无间地进行交流。在《魔法门之英雄无敌》《万智牌》和《国王的恩赐》这几个游戏中，你在与敌人打斗时独角兽总会来帮你。在一款著名的游戏《被遗忘的国度》中，独角兽就是你的敌人，你们要面对面打斗。在游戏《魔兽世界》里，你要面对的敌人是独角斑马，你无法躲开它们，只能与它们厮杀。

如果你想体验一下骑在独角兽身上的感觉，那我推荐你去玩《网络创世纪》游戏。在这款游戏里，女孩可以骑在独角马的身上，而男孩只能骑在麒麟的身上。

好啦，恭喜大家，现在你们已经知道了几乎所有关于独角兽的事情。当然只是“几乎”所有的事，因为要了解独角兽的全部是不可能做到的。它们存在并且不断发生着变化。它们在新世界里驻足，在新的著作中出现，所以人们总是不断听到发生在独角兽身上的新故事。也许，你还知道独角兽其他的故事，也可以把它们放入这本百科全书中。

•·• 一起来丰富这本书吧！ •·•

⑤ 英文名：The Unicorn: Legend or Reality?
制作公司：EQUIDA & Peignoir Prod
上映时间：2004年

译后记

独角兽是一种虚构的动物。最早有关独角兽的记载出现在希伯来人的《圣经·旧约》中。希伯来人把这种额头长有一只角的马叫作“re'em”，最初被译作“monokeros”，后来才演变成英文中的“unicorn”。后来，独角兽的形象出现在世界各地的民族传说故事里。独角兽因其自身的魅力在文学艺术、思想方式等方面对后世产生了广泛而深远的影响。今天，独角兽的形象仍然时常出现在一些文学作品和影视作品中。例如，近年备受青少年喜欢的动画片《小马宝莉》的主人公就是一群独角兽。

独角兽并不仅存在于文学创作中，它已经化身成为某些民族的图腾或者文化符码，承载着民族的历史记忆。例如，在哈萨克斯坦和蒙古国的国徽里就有独角兽的形象。这两个游牧民族坚信独角兽能给他们带来幸运和吉祥。

在中国文化中，麒麟也是传统的瑞兽之一。中国古人认为，麒麟出没处，必有祥瑞。由此可见，在不同的文化中，独角兽的形象有共同点，也存在差异。在世界各民族联系日益紧密的今天，在文明互鉴的历史语境下，引介各国经典的独角兽故事具有很强的现实意义。

《独角兽神秘大百科》跨越时空和距离，将各民族、各国家的独角兽进行归纳总结，把它们分成独角马、独角犀牛、独角龙和半独角兽等类别，并对每个类别中具有代表性的独角兽进行详细介绍。颇有新意的是，该书作者通过虚构的“神奇生物研究者秘密协会”，将虚拟的独角兽故事与真实历史相连，亦真亦幻，令人不禁沉迷其中，流连忘返。此外，作者选择的独角兽故事在各个民族中具有广泛的代表性和影响力，体现了跨文化传播和引介的价值。由于故事内容涉及不同的国家、不同的历史阶段，所以阅读该书不仅可以让读者了解各种独角兽，而且可以拓宽他们的视野，帮助他们掌握一些地理、历史的知识和常识，从而加深对世界的理解。

丁梁

2020年12月 于南京大学仙林校区

图书在版编目 (CIP) 数据

独角兽神秘大百科 / (俄罗斯) 华莱士 · 哈米什 · 麦克米伦著 ; 丁梁译. —成都 : 天地出版社, 2021.3
ISBN 978-7-5455-6208-8

Ⅰ. ①独… Ⅱ. ①华… ②丁… Ⅲ. ①神话—青少年读物 Ⅳ. ①B932-49

中国版本图书馆CIP数据核字(2021)第005505号

著作权登记号　图字：21-2020-415

DUJIAOSHOU SHENMI DA BAIKE

独角兽神秘大百科

出品人	杨　政	**责任编辑**	杨　柳　李　雪
作　者	[俄罗斯]华莱士 · 哈米什 · 麦克米伦	**营销编辑**	吴　咚　李倩雯
译　者	丁　梁	**美术编辑**	霍笛文
总策划	陈　德　戴迪玲	**内文排版**	敖省林
策划编辑	杨　柳	**责任印制**	刘　元

出版发行　天地出版社
（成都市槐树街2号　邮政编码：610014）
（北京市方庄芳群园3区3号　邮政编码：100078）
网　址　http://www.tiandiph.com
电子邮箱　tianditg@163.com
经　销　新华文轩出版传媒股份有限公司

印　刷	北京盛通印刷股份有限公司	**印　张**	11
版　次	2021年3月第1版	**字　数**	100千字
印　次	2021年3月第1次印刷	**定　价**	138.00元
开　本	889mm×1194mm 1/8	**书　号**	ISBN 978-7-5455-6208-8